W0360524

## IMPRESSUM

Math. Lempertz GmbH
Hauptstraße 354
53639 Königswinter
Tel.: 02223 / 90 00 36
Fax: 02223 / 90 00 38
info@edition-lempertz.de
www.edition-lempertz.de

© 2016 Mathias Lempertz GmbH

Alle Rechte vorbehalten. Ohne ausdrückliche Genehmigung des Verlages ist es nicht gestattet, das Buch oder Teile daraus zu vervielfältigen oder auf Datenträger aufzuzeichnen.

Dieses Kochbuch wurde nach bestem Wissen und Gewissen verfasst. Weder der Verlag noch der Autor tragen die Verantwortung für ungewollte Reaktionen oder Beeinträchtigungen, die aus der Verarbeitung der Zutaten entstehen.
Der Markenname „Thermomix“ ist rechtlich geschützt und wird nur als Bestandteil der Rezepte verwendet. Für Schäden, die bei der Zubereitung der Gerichte an Personen oder Küchengeräten entstehen, wird keine Haftung übernommen.
Bitte beachte die Anwendungshinweise der Gebrauchsanweisung deines Thermomixgerätes.

LIKE US ON facebook www.facebook.com/MIXtippRezepte
Titelbild: Fotolia
Lektorat: Alina Groß, Anna Lehmacher, Annemarie Thon
Layout/Satz: Kerstin Pfeiffer
Gesamtherstellung: Print Consult GmbH, München
Printed and bound in Slovenia

ISBN: 978-3-945152-30-0

Fotos
© fotolia: Heiko Barth, Africa Studio, Jean Kobben, Oksana Kuzmina, alien185, mashimara, Blend Images, Westend61, detailblick-foto, Firma V, Victoria M, UBER IMAGES, nenetus, S.H.exclusiv, pbombaert, valiza14, mediamo, muro, nikiteev
© Samy Tettey
© Amelie von Kruedener

FSC www.fsc.org
MIX
Papier aus verantwortungsvollen Quellen
FSC® C084279

Herausgegeben von **mixtipp** Antje Watermann

Amelie von Kruedener und Birgit Kreuziger

# Lieblings DINGE

## KREATIV WERDEN MIT DEM THERMOMIX®

TM 5 & TM 31

LEMPERTZ

# INHALT



## HAUSHALT



## KINDER



## KOSMETIK

## WELLNESS



## GESUNDHEIT

*mixtipp-Beautylounge*

Liebe Thermomixfreunde,

ob kleine Helfer, die das Putzen erleichtern, Beauty- und Wellnessartikel oder Spielknete für die Kinder. All diese Sachen erfreuen uns im Alltag. Was passt da besser als der Titel Lieblingsdinge?
Das Team Mixtipp war sofort begeistert von den Autorinnen Amelie von Kruedener und Birgit Kreuziger, die mit ihren tollen Rezepturen natürliche und schnelle Alternativen zu herkömmlichen Produkten aus dem Supermarkt zusammengestellt haben. Artikel wie Allesreiniger oder Flüssigseife kennt jeder von uns und hat sie in irgendeiner Form zu Hause stehen.
Die Autorinnen haben dem Team Mixtipp gezeigt, dass es nicht immer die teuren Markenartikel aus dem Supermarkt sein müssen. Mit wenigen Zutaten kann man seine ganz eigenen Kreationen zusammenstellen. Selbst für ein Hustenbalsam oder Mückenspray musst du jetzt nicht mehr in die Apotheke, sondern kannst es in deinem Thermomix selber machen.
Wenn man die Lieblingsdinge einmal ausprobiert hat und sich beispielsweise eine ganz eigene Creme hergestellt hat, möchte man diese nicht mehr missen.
Du wirst schnell merken, viele der Zutaten hast du vorrätig und bestimmt hast du gar nicht gewusst, welche Zaubermittel du mit ihnen herstellen kannst. Besondere Inhaltsstoffe, die dir auf den ersten Blick vielleicht nicht so viel sagen, haben wir in einem umfassenden Glossar genauer vorgestellt.
Unsere Lieblingsdinge werden sicherlich auch dir ganz schnell ans Herz wachsen. Probiere gleich die ersten Rezepturen aus, wir wünschen dir viel Spaß dabei!

Antje Watermann

Herausgeberin, Edition Lempertz

# LIEBLINGSDINGE

Ob die tägliche Reinigung der Wohnung, Spielzeug für die Kinder oder Kosmetikartikel, in den meisten Fällen greifen wir hierfür auf die handelsüblichen chemischen Produkte aus Drogerie- und Supermärkten zurück. Natürlich ist das eine schnelle und praktische Methode, doch kaum einer macht sich wirklich Gedanken darüber, was genau in den gekauften Mitteln enthalten ist.

Für den, der lieber ganz genau wissen möchte, was in seinem Waschmittel oder im Hustenbalsam steckt, für den haben wir in diesem Buch einfache und schnelle Rezepturen für den Thermomix zusammengestellt.
Die wichtigsten Zutaten, wie Öl, Essig, Salz oder Zitronen findet jeder in seinem Haushalt. Durch Hinzugabe von ätherischen Ölen, die du in Drogeriemärkten oder im Internet erhältst, kannst du super schnell und umweltschonend wohlig duftende Putzwunder, Kosmetik oder auch Kreide oder Spielsand für deine Kinder herstellen.
Du wirst staunen wie schnell du dein eigenes Waschmittel zusammen gemixt hast. Je nach Geschmack kannst du deine Lieblingsdüfte verwenden – und im Handumdrehen hast Du ein voll funktionstüchtiges Biowaschmittel.

Genauso ist es bei der Kosmetik: Kosmetische Produkte stellt der Mensch schon seit der Antike aus natürlichen Produkten selber her. Parfümierte Öle, Bäder und auch Schminke waren schon bei den Griechen und Römern sehr beliebt.

Auch heute geht der Trend wieder zu natürlicher Kosmetik. Gerade Menschen mit sensibler Haut, die zu Unverträglichkeiten neigt, können hier passende Alternativen zu gekauften Produkten finden. Unsere Kosmetikartikel kannst du ganz einfach im Thermomix herstellen. Ob Cremes, Pflegemasken, Lippenbalsam oder Bodyspray – für jeden Beautywunsch haben wir eine natürliche Alternative entwickelt. Wir wünschen dir viel Spaß dabei, dein Badezimmer mit selbstgemachten Pflegeprodukten einzurichten.
Neben Haushalts- und Pflegeprodukten macht der Thermomix auch vor dem Kinderzimmer keinen Halt. Viele sind zwar kaum noch vom Handy, PC oder Tablet wegzubekommen, aber wenn die Kids bei der Gestaltung der eigenen Kreide, Knete oder Seifenblasen mithelfen können, sind sie sicher schnell begeistert.

Noch ein Wörtchen zur Haltbarkeit und Hygiene: Bei der Herstellung unserer Lieblingsdinge-Rezepte ist es sehr wichtig, peinlich genau auf Sauberkeit zu achten. Die Hände müssen gewaschen sein und die Behältnisse, in die du die Lieblingsdinge abfüllst, sollten sterilisiert sein. Das kannst du natürlich auch ganz einfach im Thermomix machen, siehe dazu das Rezept auf Seite 120. Wenn du nicht auf eine sterile Arbeitsweise achtest, können Keime in deine Lieblingsdinge gelangen, die dort nicht hinein gehören und das Produkt verliert an Haltbarkeit. Achte besonders bei der Herstellung von Kosmetika darauf, dass du einige davon anschließend im Kühlschrank lagerst, sonst sind sie schnell nicht mehr haltbar. Vermeide außerdem besonders bei den Cremes, die Finger einzutunken. Verwende stattdessen lieber Kosmetikspatel.

Wichtig ist, dass du deine Lieblingsdinge in sterile verschließbare Behältnisse abfüllst, in die kein Sauerstoff gelangt. Wenn es sich um ein Ölgemisch handelt, sollte das Behältnis lichtundurchlässig sein. Du kannst alte Cremedosen oder Einmachgläser sammeln. Ansonsten findest du im Internet eine Vielzahl an Behältnissen in jeglicher Form, Größe und Farbe. Der Kreativität sind da keine Grenzen gesetzt.

## BESONDERE ZUTATEN

Für unsere Rezepte braucht man einige Zutaten, die man im normalen Supermarkt nicht immer findet und vielleicht auch nicht jeder im normalen Hausgebrauch hat.
Du kannst alle Zutaten in diversen Shops im Internet, wie z.B. Primavera, im Reformhaus oder in Apotheken und Drogeriemärkten deines Vertrauens erwerben.
Die auf den nächsten beiden Seiten aufgeführten Produkte haben wichtige Eigenschaften, die für die Rezepte unabdinglich sind. Beim Einkauf solltest du darauf achten, immer unraffinierte und naturreine Produkte zu kaufen. Die wichtigen Inhaltsstoffe gehen bei der Raffination verloren und somit auch ihre Wirkungen.

## ÄTHERISCHE ÖLE

Wasserdampfdestillation ist die herkömmliche Methode zur Gewinnung von ätherischen Ölen, bei dem als Nebenprodukt Hydrolate (Blütenwässer) entstehen. Die Bezeichnung für ätherische Öle ist nicht geschützt und wird im Handel daher auch für rein synthetische Produkte verwendet. Da die in diesem Buch verwendeten Produkte oftmals mit der Haut in Kontakt kommen, solltest du darauf achten, dass das von dir ausgewählte ätherische Öl naturrein ist.

## EUKALYPTUSÖL

Es eignet sich hervorragend für die Reinigung der Raumluft, da es antiseptisch wirkt. So haben Krankheitskeime keine Chance. Eukalyptus hilft unter anderem bei Angina, Grippe, Asthma, Erkältung und Bronchitis, da es die Atmung aktiviert und somit die Sauerstoffversorgung aller Körperzellen gefördert wird und das Atmen leichter fällt. Zusätzlich fördert Eukalyptusöl auch die Konzentration.

## FICHTENNADELÖL

Das Fichtennadelöl weitet die Lunge und verleit dir ein Gefühl von Entspannung. Deswegen hilft es gut bei Infektionen der Atemwege, aber auch bei Rheuma. Es stärkt die Immunabwehr, wirkt antiparasitär, antiseptisch, schleimlösend und entzündungshemmend.

## GRAPEFRUITÖL

Dieses Öl besitzt eine kühlende, reinigende, abschwellende und fettlösende Wirkung, deshalb verwendet man es gerne in der Produktion von Pflegeprodukten gegen Cellulite. Es regt den Stoffwechsel des Fettgewebes an und sorgt somit dafür, dass das Fettgewebe abgebaut wird.
Es hilft ebenso bei fettiger Haut und Haaren.

## LIMETTENÖL

Dieses Öl stoppt die Transpiration und beseitigt schlechte Gerüche.

## MELISSENÖL

Du kennst sicher die beruhigende Wirkung der Melisse. Der Duft sorgt dafür, dass du dich entspannt und ausgeglichen fühlst. Es hat aber auch eine antibakterielle Wirkung und hilft daher auch bei Insektenstichen, fettiger und unreiner Haut.

## MUSKATELLERSALBEIÖL

Muskatellersalbei ist eine immergrüne, zweijährige Pflanze, die aus der Gattung der Salbeipflanze stammt. Aus den Blütenständen wird durch Wasserdampfdestillation das Muskatellersalbeiöl gewonnen, es hat ähnliche Eigenschaften wie das Salbeiöl. Das Öl hilft bei fettiger Haut, bei übermäßiger Talgproduktion, speziell auf der Kopfhaut und verhindert übermäßiges Schwitzen.

## ORANGENÖL

Wenn du dich schwach fühlst oder du Schmerzen hast, sorgt das Orangenöl für Entspannung des Organismus und der Muskulatur. Zusätzlich strafft es das Bindegewebe und stärkt das Immunsystem.

## PALMAROSAÖL

Das Öl spendet der Haut Feuchtigkeit und regt die Zellregeneration an. Außerdem gleicht das Öl auch die Talgproduktion aus, hält die Haut geschmeidig und elastisch und hilft bei Akne. Das Mandelöl verhindert Narbenbildung, verjüngt und regeneriert die Haut, bekämpft kleinere Infektionen der Haut, hilft bei wunden, müden Füßen und gegen Fußpilz.

## ROSENÖL

Dieses Öl verbreitet nicht nur einen schönen Duft, es hat auch eine antiseptische, krampflösende, entzündungslindernde, zellerneuernde und stark pflegende Wirkung.

## THYMIANÖL

Thymian hat neben seiner heilenden auch eine antiseptische Wirkung und steigert deine Abwehrkraft. Das Öl hilft bei Erkrankungen der Atemwege und bei Sportverletzungen.

## ZITRONENÖL

Der Duft des Zitronenöls erhöht die Konzentration und fördert gute Laune. Es wirkt antibakteriell, schleimlösend und besitzt eine antivirale Wirkung, die dafür sorgt, dass dein Immunsystem gestärkt wird. Das Zitronenöl ist sehr lange haltbar, verliert aber mit der Zeit an Intensität.

## ALAUN
Alaun wurde früher das schwefelsaure Doppelsalz von Kalium und Aluminium (Kaliumaluminiumsulfat) genannt. Das durchsichtige Kristall hat eine antitranspirante Wirkung und wird daher gerne als Natur-Deo benutzt. Alaun verhindert die Bildung von Mikroorganismen, wirkt also antibakteriell, blutstillend und wird durch seine zusammenziehende Wirkung für die Bindung und Konservierung in Kneten verwendet.

## GLYCERIN
Glycerin ist ein Zuckeralkohol, welcher in allen natürlichen Fetten und fetten Ölen als Fettsäureester (Triglyceride) vorhanden ist. Wir verwenden das Glycerin in unseren Rezepten wegen seiner feuchtigkeitsbindenden Eigenschaft. Außerdem verhindert Glycerin die Austrocknung der Haut und erhöht ihre Elastizität.

## JOJOBAÖL
Das Öl von Jojobasamen wirkt stark feuchtigkeitsspendend, hat konservierende Eigenschaften und besitzt einen natürlichen Lichtschutzfaktor, der die Haut vor UV-Strahlung schützt. Bei der Herstellung von Pflegeprodukten sorgt es dafür, dass diese geschmeidig werden.

## KAKAOBUTTER
Die Kakaobutter ist reich an Mineralstoffen, Aminosäuren und Lipiden. Sie macht die Haut geschmeidig und fördert das Wachstum der Hautzellen. Somit beugt Kakaobutter der Faltenbildung und Hautalterung vor.

## KOKOSÖL
Das Öl wird aus dem Fruchtfleisch der Kokosnüsse gewonnen. Es ist bei Zimmertemperatur hart und wird bei ca. 26 Grad flüssig. Aufgrund seiner feuchtigkeitsspendenen und kühlenden Wirkung wird Kokosöl gerne in der Kosmetikindustrie verwendet. Auch wir greifen daher gerne auf das wohlriechende Öl zurück.

## MANDELÖL
Zur Herstellung von Pflegeprodukten benutzt man das Öl der Süßmandel. Diese besteht zu 80% aus Ölsäure, die dafür sorgt, dass die Haut weich wird und Reizungen beruhigt werden. Zusätzlich ist es besonders reich an Vitamin A, B, D und E und beugt somit der Hautalterung vor.

## MANGOBUTTER
Sie wird aus den Kernen der Mangofrucht gewonnen. Durch ihre cremig-feste Konsistenz und ihrer rückfettenden Wirkung ist sie ideal zur Herstellung unserer Rezepte.

## NATRON (NAHCO3)
kennt man unter den Markennamen Kaiser Natron und Bullrich-Salz. Andere Namen für Natron sind Natriumbicarbonat, Speisenatron, Backsoda und Speisesoda. Im englischsprachigen Raum wird es meist baking soda genannt.

## OLIVENÖL
Olivenöl wirkt durchblutungsfördernd und es ist sehr hautpflegend, dadurch hilft es bei sehr trockener und schuppiger Haut.

## ROSENWASSER
Rosenwasser ist mit die beste Wahl für die Haut, es optimiert den hauteigenen pH-Wert, hat eine entspannende Wirkung und macht müde Augen gleichzeitig frisch.

## SHEABUTTER
Sheabutter ist unter anderem reich an Vitamin A, E, F und Allantoin, dieses kommt in pflanzlichen und tierischen Organismen als Endprodukt des Purinstoffwechsels vor und wird aus Harnsäure gebildet. Das Allantoin in der Sheabutter fördert die Wundheilung und sorgt dafür, dass der natürliche Feuchtigkeitsgehalt der Haut reguliert wird und die Haut elastisch und weich bleibt. Man verwendet Sheabutter in der Medizin auch gerne bei Neurodermitis und bei der Behandlung von Narben. Wichtig bei unserem Rezept ist es, unraffinierte Sheabutter zu verwenden, da die positiven Eigenschaften bei der Raffination verloren gehen.

## SODA (NA2CO3)
ist auch bekannt als Waschsoda, Reine Soda und Kristallsoda. Im englischsprachigen Raum spricht man meist von washing soda.

## WOLLWACHSALKOHOLE
Eher bekannt als Lanolin, sind Wollwachsalkohole Bestandteile des Wollwachses und werden in der Salbenproduktion als Emulgator verwendet. Sie haben die Fähigkeit ein Mehrfaches ihres Gewichtes an Wasser aufzunehmen.

# HAUSHALT

1 Glas | 24 h 5 Min. | leicht

# BLITZ-BLANK-PASTE – Topfreiniger

**Zubereitungszeit: 5 Minuten**
**Ruhezeit: 24 Stunden**
**Utensilien: 1 verschließbares Glas à 250 ml, sterilisiert**
**Zutaten für 1 Glas**

- 60 g Kernseife, in Stücken
- 60 g Speiseöl
- 3 EL Glycerin, erhältlich in der Apotheke oder im Internet
- 2 EL Waschsoda, erhältlich im Drogeriemarkt oder im Internet
- 100 g Schlämmkreide, erhältlich im Internet

1. Als Erstes zerkleinerst du die Kernseife im Mixtopf 10 Sekunden/ Stufe 10 und gibst das Öl dazu. Verrühre beides 2 Minuten/ 75°C/ Stufe 2.

2. Danach fügst du Glycerin, Waschsoda und Schlämmkreide hinzu und verrührst alles 20 Sekunden/ Stufe 3 zu einer Paste.

3. Fülle die Paste anschließend in ein verschließbares Glas und lass sie darin 24 Stunden durchhärten.

**mixtipp**

Sind die Töpfe von innen angelaufen, fülle sie mit gleichen Teilen Wasser und Essigessenz. Lass die Mischung aufkochen und anschließend 12 Stunden einweichen.

Auch die Böden der Töpfe brauchen hin und wieder eine Frischekur. Ich als Meisterin des Anbrennens weiß wovon ich rede. Diese Paste bringt fleckige Edelstahl-, Keramik- oder Emailletöpfe innen und außen auf Hochglanz. Man trägt die Paste mit einem feuchten kratzigen Schwamm oder angefeuchteter Stahlwolle auf und bearbeitet damit die Töpfe.

1 Glas | 2 h 15 Min. | leicht

# LEMON & CLEAN – Zitronen-Putzlotion

**Zubereitungszeit: 15 Minuten**
**Ruhezeit: 2 Stunden**
**Utensilien: 1 verschließbares Glas à 500 ml, sterilisiert**
**Zutaten für 1 Glas**

| |
|---|
| 2 große Zitronen |
| 150 g Salz |
| 150 g Wasser |
| 40 g Essig |

1. Schneide die Zitronen in Stücke und zerkleinere sie im Mixtopf 25 Sekunden/ Stufe 10. Schiebe die Zitronenstücke mit dem Spatel nach unten und füge Salz und Wasser hinzu.

2. Koche die zerkleinerten Zitronen 5 Minuten/ 100°C/ Stufe 4 auf und gib den Essig hinzu.

3. Lass die Mischung weitere 5 Minuten/ 100°C/ Stufe 4 köcheln.

4. Schiebe die Reste an den Seiten mit dem Spatel nach unten und verrühre alles 1 Minute/ Stufe 10.

5. Fülle anschließend die Paste in ein verschließbares Glas. Sobald die Paste 2 Stunden abgekühlt ist, kann die Zitronenlotion alles frisch, kalkfrei und sauber putzen. Die Putzlotion ist etwa 3 Monate haltbar.

**mixtipp**
Wickle ein Schleifchen um das Glas und du hast ein geniales Mitbringsel.

**mixtipp**
Da Essig auf Dauer für das Silikon schädigend ist, reinige deinen Mixtopf so schnell wie möglich gründlich. So kann dem Thermomix und seinen Dichtungen nichts passieren.

Öko-
logisch putzen ohne Chemikalien und megagünstig – die Lemon & Clean Putzlotion ist schnell gemacht und in Birgits und meinem Haushalt nicht mehr wegzudenken. Bei Kalk wirkt sie Wunder und bei Holzbrettchen oder Salatbesteck ist sie auch sehr praktisch. Bakterien haben da keine Chance mehr. Was wir zufällig entdeckt haben, ist, dass Dinge aus Kupfer damit auch wieder glänzen.

2 Flaschen | 8 Min. | leicht

# ZAUBERSPRAY – Allesreiniger

**Zubereitungszeit: 8 Minuten**
**Utensilien: 2 Sprühflaschen à 1000 ml**
**Zutaten für 2 Flaschen**

- 1650 g Wasser
- 60 g Waschsoda
- 60 g Essigessenz
- 60 g Spülmittel
- 10 g ätherisches Eukalyptusöl, alternativ Orangenöl, erhältlich in der Apotheke oder im Internet

1. Als Erstes gibst du 250 g Wasser und das Waschsoda in den Mixtopf und kochst die Mischung 5 Minuten/ 100°C/ Sanftrührstufe auf.

2. Füge dann Essigessenz, Spülmittel, das Eukalyptusöl und 1400 g Wasser hinzu und verrühre alle Zutaten 10 Sekunden/ Stufe 4.

3. Fülle das Zauberspray anschließend in eine Sprühflasche. Darin ist es unbegrenzt haltbar.

**mixtipp**

Wenn du Eukalyptusöl für das Zauberspray verwendest, bekämpfst du bei der Verwendung auch Krankheitserreger, denn das ätherische Öl ist eines der stärksten antiseptischen Mittel.

**mixtipp**

Fülle das Zauberspray am besten in alte Fensterreinigerflaschen, so besteht keine Verwechslungsgefahr mit Lebensmitteln.

*Wenn man sich für alternative Einsatzmöglichkeiten von unserem geliebten Thermomix interessiert, kommt man an diesem Rezept nicht vorbei. Und das auch aus gutem Grund, der Allesreiniger ist schnell gemischt und hält, was er verspricht. Er zaubert alles sauber.*

20 Stück | 24 h 5 Min. | leicht

# SECRET HELPER –
## Toiletten-Reinigungstabs

**Zubereitungszeit: 5 Minuten**
**Ruhezeit: 24 Stunden**
**Utensilien: 1 Silikonform mit Herz- oder Blümchenmulden**
**Zutaten für 20 Stück**

- 300 g Natron
- 110 g Zitronensäure, erhältlich im Drogeriemarkt oder im Internet
- 40 Tropfen ätherisches Pfefferminzöl, erhältlich in der Apotheke oder im Internet
- 40 Tropfen ätherisches Grapefruitöl, erhältlich in der Apotheke oder im Internet

1. Als Erstes verrührst du Natron und Zitronensäure 15 Sekunden/ Stufe 3.

2. Gib dann Pfefferminz- und Grapefruitöl hinzu und verrühre die Mischung erneut 15 Sekunden/ Stufe 3.

3. Fülle das Pulver in die Silikonform, drücke es gut an und lass es 24 Stunden durchhärten. Die Toiletten-Reinigungstabs sind unbegrenzt haltbar.

Diese unglaublichen, selbstgemachten Tabs können wirklich was. Gerüche, Verfärbungen und Kalk werden damit wirksam bekämpft. Die meisten Toilettenreiniger stinken fürchterlich, aber diese riechen gut, sehr gut. Als wir an den Düften herumexperimentiert haben, kam uns Pfefferminze erst merkwürdig vor, doch die Zugabe von Japanischem Heilpflanzenöl war perfekt. Wir haben dies mit Grapefruit kombiniert. Der ganze Keller hat geduftet, als die Tabs zum Trocknen dort gelagert wurden. Sobald die Toilettenblüte im Wasser ist, sprudelt sie auch schon los. Im Handumdrehen hat sie sich aufgelöst und entfaltet ihre Kraft, dort wo wir gerne andere arbeiten lassen.

1-2 Flaschen | 10 Min. | leicht

# FRISCHE BRISE – Polster- und Raumerfrischer

**Zubereitungszeit: 10 Minuten**
**Utensilien: 1 Sprühflasche à 400 ml oder 2 Sprühflaschen à 200 ml, sterilisiert**
**Zutaten für 1-2 Flaschen**

| |
|---|
| 250 g Wasser |
| 10 g Natron |
| 150 g Wodka |
| 15 Tropfen ätherisches Bergamotteöl, erhältlich in der Apotheke oder im Internet |
| 15 Tropfen ätherisches Lemongrasöl, erhältlich in der Apotheke oder im Internet |
| 15 Tropfen ätherisches Zitronenöl, erhältlich in der Apotheke oder im Internet |

1. Erhitze das Wasser im Mixtopf 4 Minuten/ 100°C/ Stufe 1 und lass es anschließend abkühlen, bis es nur noch lauwarm ist.

2. Füge dann das Natron hinzu und rühre es 4 Minuten/ Stufe 2 ein.

3. Gib Wodka, Bergamotteöl, Lemongrasöl und das Zitronenöl dazu und verrühre alle Zutaten 30 Sekunden/ Stufe 2. Fülle die Mischung nur noch in eine Sprühflasche um und fertig ist dein Raumerfrischer. Er ist unbegrenzt haltbar.

**mixtipp**

Wenn du eher ein Fan des Weichspülerduftes bist, lass die ätherischen Öle weg und verwende stattdessen eine Verschlusskappe deines Lieblingsweichspülers.

Dieser Raumerfrischer ist ein Geruchsvernichter für alle Fälle: Das Natron neutralisiert Gerüche und die frischen Düfte von Bergamotte, Lemongras und Zitrone hinterlassen ein sauberes Gefühl. So werden unangenehme Gerüche in Gardinen, Kleidungsstücken, Matratzen und Polstern vernichtet. Ihr könnt natürlich mit den Düften herumexperimentieren, Vanille mit Patchouli kombinieren, Lavendel mit Rose oder auch eine fertige Duftmischung verwenden.

ca. 20 Tabs | 24 h 5 Min. | leicht

# SAUBERWASCH – Spülmaschinentabs

**Zubereitungszeit: 5 Minuten**
**Ruhezeit: 24 Stunden**
**Utensilien: 1 Maccaron-Silikonform**
**Zutaten für ca. 20 Tabs, Anzahl variiert je nach Silikonform**

- 200 g Waschsoda, alternativ Natron
- 200 g Zitronensäure, erhältlich im Drogeriemarkt
- 50 g Speisesalz
- 50 Tropfen ätherisches Limettenöl, erhältlich in der Apotheke oder im Internet
- 3 EL Wasser

1. Vermische Waschsoda, Zitronensäure und Speisesalz im Mixtopf 15 Sekunden/ Stufe 5.

2. Verrühre in einer Schale das Limettenöl mit dem Wasser und lass es ohne Zeiteinstellung auf Stufe 5 langsam durch die Deckelöffnung in den Mixtopf fließen.

3. Drücke nun das leicht zischende Pulver in die Silikonform und lass es darin 24 Stunden trocknen.

**mixtipp**

Du kannst den Spülmaschinenreiniger auch als Pulver herstellen. Dafür lässt du das Wasser und das ätherische Öl einfach weg.

*Günstig, plastikfrei, einfach – Spülmaschinentabs selbst herzustellen ist keine Hexerei. Die einzige Schwierigkeit, auf die wir gestoßen sind, war die passende Silikonform zu finden, damit die Tabs in das dafür vorgesehene Fach passen. Eine Maccaron-Form hat das Problem gelöst. Und was sollen wir sagen, das Geschirr wird sauber. Die wenigen Zutaten reichen völlig aus. Waschsoda löst Fett und Schmutz, die Zitronensäure vermeidet Kalkablagerungen und macht das Wasser weicher, Speisesalz sorgt für den Ionenaustausch in der Spülmaschine und das ätherische Öl riecht einfach gut und hält die Tabs zusammen.*

6 Seifen | 15 Min. | leicht

# LATTE MACCHIATO – Küchen-Kaffeeseife gegen Knoblauchhände

**Zubereitungszeit: 15 Minuten**
**Utensilien: 1 Silikonseifenform für 6 Seifen**
**Zutaten für 6 Seifen**

| |
|---|
| 40 g Kaffeebohnen |
| 500 g Rohmilchseife |
| 10 Tropfen ätherisches Vanilleöl, bei Bedarf |
| 12 Kaffeebohnen zum Dekorieren |

1. Zermahle als Erstes die Kaffeebohnen im Mixtopf 3 Sekunden/ Stufe 10 und fülle sie in eine Schale.

2. Schneide die Seife in grobe Stücke und zerkleinere sie im Mixtopf 10 Sekunden/ Stufe 4. Schiebe die Seifenstücke mit dem Spatel nach unten und erhitze sie 10 Minuten/ 90°C/ Stufe 1.

3. Gib die zerkleinerten Kaffeebohnen aus der Schale und bei Bedarf das Vanilleöl hinzu und verrühre alles 5 Sekunden/ Stufe 2.

4. Da die Seife schnell wieder fest wird, gieße die Masse direkt in die Silikonform. Dekoriere die Seifen mit den Kaffeebohnen und lass sie aushärten.

**mixtipp**

Wenn du die Seifen dunkler haben möchtest, gibst du unter Schritt 3 auch noch 20 g Kaffeepulver oder Instantkaffee hinzu.

**mixtipp**

Für zweifarbige Seife befüllst du die Silikonform nur zur Hälfte mit der Seife. In die andere Hälfte mischst du 20 g Kaffeepulver und gibst sie anschließend in die Silikonform.

Sie sieht nicht nur schön aus, sie tut auch was für dich. So ähnlich sagt es einer meiner Lieblingsdesigner immer. Die Seife hat einen Stammplatz neben meiner Küchenspüle und ist ein tolles Mitbringsel, das Eindruck schindet. Als wir die ersten Seifen aus der Form gedrückt haben, sind wir kaum aus dem Staunen herausgekommen, so begeistert waren wir.

600 g | 12 h 8 Min. | leicht

# LAUNDRY-MIX –
# Bio-Flüssig-Waschmittel

**Zubereitungszeit: 8 Minuten**
**Ruhezeit: 12 Stunden**
**Zutaten für 600 g Waschmittel**

| |
|---|
| 560 g Wasser |
| 15 g Olivenölseife (Alepposeife), erhältlich im Drogeriemarkt oder in der Apotheke |
| 20 g Soda |
| 15 Tropfen ätherisches Rosmarinöl, erhältlich in der Apotheke oder im Internet |
| 15 Tropfen ätherisches Lavendelöl, erhältlich in der Apotheke oder im Internet |

1. Koche 280 g Wasser im Mixtopf 5 Minuten/ Varoma/ Stufe 1 auf und fülle das heiße Wasser in eine separate Schale.

2. Zerkleinere die Alepposeife im Mixtopf 6 Sekunden/ Stufe 8 und schiebe die Stücke mit dem Spatel nach unten.

3. Gieße das heiße Wasser dazu und erhitze die Mischung 3 Minuten/ 90°C/ Stufe 1.

4. Füge Soda, Rosmarin- und Lavendelöl hinzu und verrühre alles 12 Sekunden/ Stufe 2. Fülle die Mischung in eine separate Schüssel und lass sie 12 Stunden ruhen.

5. Anschließend erhitzt du die übrigen 280 g Wasser 5 Minuten/ Varoma/ Stufe 1 und füllst die Seifenmischung hinzu. Jetzt erhitzt du alles 3 Minuten/ 90°C/ Stufe 1. Lass die Mischung abkühlen und fertig ist dein Waschmittel!

6. Du solltest das Waschmittel vor Gebrauch gut schütteln und 20 g pro Waschgang verwenden. Das Waschmittel ist etwa 6 Monate haltbar.

Seit wir dieses Waschmittel hergestellt haben, frage ich mich, warum ich vorher noch nie auf diese Idee gekommen bin. Es schont die Umwelt, ist extrem günstig und wirkt genau so gut wie gekauftes Waschmittel. Besonders für empfindliche Haut und Allergiker ist die Olivenölseife eine echte Offenbarung. Eine Grenze hat unser Selfmade-Waschmittel aber, Wolle und Seide kann man damit nicht waschen, da diese Textilarten ein Feinwaschmittel brauchen.

240 g | 1 Min. | leicht

# MAGIC STUFF –
## Etiketten-, Aufkleber- und Kleberreste-Entferner

**Zubereitungszeit: 1 Minute**
**Zutaten für ca. 240 g Kleberreste-Entferner**

150 g Natron

70 g Speiseöl

20 g Spülmittel

1. Verrühre Natron, Speiseöl und Spülmittel im Mixtopf 30 Sekunden/ Stufe 4. Somit ist dein Wundermittel fertig!

*Auf neuen Weinkelchen oder recycelten Marmeladengläsern hinterlassen Etiketten hässliche und klebrige Rückstände. Die Klebereste lassen sich nur schwer entfernen. Steckt man die Gläser mit den Resten in die Spülmaschine, wird häufig alles noch viel schlimmer. Freiverkäufliche Mittel sind oft voller Lösungsmittel und teuer. Wir haben ein einfaches Rezept entwickelt, das funktioniert. Der Thermomix verbindet die Zutaten zu einer homogenen Masse, die dafür sorgt, dass man sie später gut verarbeiten kann. Kleberreste lassen sich nach einer Einweichzeit von ca. 10 Minuten von Glas, Metall, Plastik und Holz rückstandsfrei entfernen. Toll!*

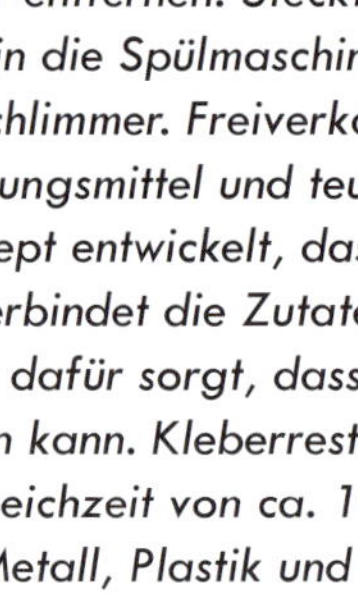

**mix*tipp***

Der Etikettenentferner muss direkten Kontakt zum Klebstoff haben. Sollte der Aufkleber mit Plastik beschichtet sein, solltest du diese Schicht vorher entfernen.

2-6 Stoffsäckchen | 5 Min. | leicht

# EXOTIC CLEAN – Duftpotpourri gegen Motten

**Zubereitungszeit: 5 Minuten**
**Utensilien: 2 große oder 6 kleine Säckchen aus Baumwolle, alternativ Einwegteebeutel**
**Zutaten für 2-6 Stoffsäckchen**

- 1 Muskatnuss, geviertelt
- 2 Zimtstangen
- 8 Gewürznelken
- 2 Vanilleschoten
- getrocknete Schale von 2 Bio-Zitronen
- getrocknete Schale von 2 Bio-Orangen
- 1 Tasse getrocknete Thymianstängel
- 1 Tasse Rosmarinnadeln
- 10 Tropfen ätherisches Zitronenöl, alternativ Zedernöl, erhältlich in der Apotheke oder im Internet

1. Zerkleinere als Erstes die Muskatnuss und die Zimtstangen 10 Sekunden/ Stufe 10.

2. Gib Gewürznelken, Vanillestangen, Zitronen- und Orangenschale, Thymian und Rosmarin dazu und zerkleinere alles 10 Sekunden/ Stufe 10.

3. Füge nun auch Zitronenöl hinzu und rühre es 20 Sekunden/ Linkslauf/ Stufe 3 in die Mischung ein.

4. Fülle das Potpourri in die Stoffbeutel ab. Nähe diese mit ein paar Stichen zu oder verschließe sie mit einem Bändchen und die Anti-Motten-Kissen sind im Nu fertig. Jetzt kannst du sie im Schrank verteilen. Das Duftpotpourri ist ca. 6 Monate haltbar

**mixtipp**

Du kannst die Säckchen aus Baumwollresten nähen. Mit einem schönen Bändchen verschlossen hast du ein dekoratives, brauchbares Geschenk.

Wer schon einmal Motten im Schrank hatte, verteufelt die kleinen Zerstörer. Ob Kleider-, Lebensmittel- oder Speichermotten, die gefräßigen Flattermänner richten ordentlich Schaden an. Damit sie sich gar nicht erst einnisten, kann man sie mit diesen herrlich riechenden Duftkissen vertreiben.

**mixtipp**

Du kannst die Orangen- und Zitronenschalen ganz einfach selber trocknen. Dafür legst du sie auf die Fensterbank oder im Winter auf die Heizung.

20 Stück | 12 h 5 Min. | leicht

# SEEDBOMBS –
## Blumensamen zum Gärtnern

**Zubereitungszeit: 5 Minuten**
**Ruhezeit: 12 Stunden**
**Utensilien: Silikonform, nach Belieben**
**Zutaten für 20 Stück**

- 2 Eierkartons
- Wasser zum Einweichen
- 2 Tütchen Samen, nach Belieben

1. Reiße als Erstes die Eierkartons in Stücke und begieße sie in einer Schale mit heißem Wasser. Die Stücke müssen komplett vom Wasser bedeckt sein. Lass sie darin 12 Stunden aufweichen.

2. Nach dem Aufweichen holst du die Eierkartonstücke aus dem Wasser, drückst sie etwas aus und zerkleinerst sie im Mixtopf 5 Sekunden/ Stufe 10.

3. Schiebe mit dem Spatel die Stücke nach unten und füge die Samen hinzu. Verrühre die Mischung 4 Sekunden/ Linkslauf/ Stufe 3, verteile sie anschließend in die Silikonform und drücke sie in die Form. Schon sind deine Seedbombs fertig.

**mixtipp**

Für einen sichtbaren Erfolg braucht man ca. 10 Seedbombs pro Quadratmeter. Sogar brachliegende Flächen können so wiederbelebt werden.

Unserer Meinung nach kann es nicht grün genug sein. Ganz besonders Birgit war begeistert von den Samenbomben. Die kleinen Wurfgeschosse können beliebig auf dem Boden verteilt werden und sind sicher vor Wind und Tieren. Sobald sie nass geregnet werden, fangen die Samen an zu keimen und bald sprießt es bunt und grün. Per Wurfsendung könnt ihr so euren oder Nachbars Garten erblühen lassen. Viel Spaß damit!

# KINDER

750 g | 1 Min. | leicht

# PLAY-TUB – Badeknete

**Zubereitungszeit: 1 Minute**
**Zutaten für ca. 750 g**

- 300 g Duschgel, nach Belieben
- 400 g Speisestärke
- 20 g Sonnenblumenöl
- Lebensmittelfarbe, nach Belieben

1. Für die Badeknete gibst du Duschgel, Speisestärke, Sonnenblumenöl und Lebensmittelfarbe in den Mixtopf und verrührst alle Zutaten 10 Sekunden/ Stufe 4.

2. Fertig ist die Badeknete. Wenn du die Badeknete trocken lagerst, ist sie ca. 6 Monate haltbar.

*Yeah! Alles was bunt ist und nach Spielspaß aussieht, landet bei mir direkt auf der Bestsellerliste. Der Duft richtet sich natürlich nach dem Duschgel, das du aussuchst. Unser erster Versuch duftete verführerisch nach Honig und Vanille. Im trockenen Zustand ist die Badeknete griffig und weich, kommt sie mit Wasser in Berührung, wird sie seidig und lehmig. Damit sind wir schon bei dem Nutzen von Badeknete: Neben dem Matsch- und Knetspaß in der Wanne, kommt auch die Hygiene nicht zu kurz. Es entsteht ein herrlicher Schaum und sauber wird man auch.*

**mixtipp**

Diese Badeknete ist ein super Mitbringsel für jeden Kindergeburtstag, aber auch ein schönes Geschenk für den Adventskalender.

1140 g | 10 Min. | leicht

# KNETE

**Zubereitungszeit: 10 Minuten**
**Utensilien: verschließbare Frischhaltedosen, sterilisiert**
**Zutaten für ca. 1140 g**

| |
|---|
| 400 g Mehl |
| 200 g Salz |
| 500 g Wasser |
| 30 g Öl |
| 1 EL Alaun, erhältlich in der Apotheke oder im Internet, alternativ 2 Päckchen Weinsteinbackpulver oder 2 EL Zitronensäure |
| Lebensmittelfarbe, nach Belieben |
| 5 Tropfen Vanillearoma oder Lavendelöl |

1. Verrühre Mehl und Salz in einer Schale.

2. Koche 500 g Wasser im Mixtopf 8 Minuten/ Varoma/ Stufe 1 auf und füge dann Öl, Alaun, Lebensmittelfarbe, Vanillearoma und die Mehl-Salz-Mischung hinzu. Vermische alle Zutaten 25 Sekunden/ Stufe 6.

3. Fülle die fertige Knete in sterile verschließbare Frischhaltedosen, darin ist sie etwa 6 Wochen haltbar.

**mixtipp**

Alaun macht die Knete weicher, hat eine antibakterielle Wirkung und sorgt dafür, dass Mikroorganismen keine Chance haben.

Gekaufte Knete ist teuer und dazu landet sie häufig als ein harter Klumpen im Müll. Anders ist es mit dieser selbstgemachten Knete. Sie macht schon in der Herstellung Spaß, ist günstig und man kann selbst bestimmen, welche Farbe sie bekommt. Das Duftaroma kannst du nach Lust und Laune ändern. Wir haben schon Knete mit Vanille-, Lavendel-, Orangen-, Zitronen- und Rosenduft hergestellt und können uns nicht entscheiden, welche am tollsten riecht.

200 g | 1 Min. | leicht

# PLAY EASY –
## Die einfachste Knete der Welt

**Zubereitungszeit: 1 Minute**
**Zutaten für 200 g**

- 100 g Speisestärke
- 100 g Spülmittel

1. Verrühre die Speisestärke mit dem Spülmittel im Mixtopf 10 Sekunden/ Stufe 5.

2. Vermische anschließend die Masse mit den Händen und fertig ist die Knete. Wenn du die Knete in einem luftdichten Behältnis verwarst, kann sie sich 4 Monate lang halten. Wenn sie danach noch gut riecht, auch länger.

Wenn man nichts zu Hause hat, geht trotzdem immer noch was. Mit nur zwei Zutaten hat man im Handumdrehen herrlich weiche Knete gemischt. Wir sind begeistert!

1 Blech | 1 h 5 Min. | leicht

# PLAY FOREVER – Salzteig

**Zubereitungszeit: 5 Minuten**
**Backzeit: 1 Stunde,**
**120°C Ober-/Unterhitze**
**Utensilien: 1 Backblech**
**Zutaten für 1 Blech**

| |
|---|
| 250 g Weizenmehl, Type 405 |
| 125 g Salz |
| 160 g Wasser |
| 20 g Öl |

1. Verrühre als Erstes das Mehl mit dem Salz im Mixtopf 10 Sekunden/ Stufe 9.

2. Gib dann Wasser und Öl dazu und verrühre alle Zutaten 15 Sekunden/ Stufe 6.

3. Heize den Backofen auf 120°C Ober-/Unterhitze vor.

4. Als Nächstes rollst du den Teig auf einer mit Mehl bestäubten Arbeitsfläche aus und schneidest ihn nach deinem Wunsch in Stücke. Du kannst ihn mit Plätzchenausstechern z.B. in Form von Herzen ausstechen oder mit dem Pizzamesser in deine gewünschte Form schneiden. Wenn du Etikettenanhänger machen möchtest, musst du mit Hilfe eines Stiftes ein Loch in das Teigstück machen, damit du nachher ein Bändchen oder eine Kordel durchziehen kannst.

5. Lege die Teigstücke auf ein mit Backpapier ausgelegtes Backblech und backe sie im vorgeheizten Backofen 1 Stunde/ 120°C Umluft aus.

*Salzteig hört sich nach 80er Jahren und altbacken an. Dachten wir auch, bis wir uns überlegt haben, was uns selbst aus diesem Material gefallen würde. Wir konnten gar nicht mehr aufhören, uns mit tollen Ideen zu übertrumpfen. Hier zeigen wir dir eins unserer Machwerke – also wir sind begeistert.*

5-10 Stifte | 20 Min. | mittel

# KUNTERBUNT – Kinder-Schminkstifte

**Zubereitungszeit: 20 Minuten**
**Utensilien: 5-10 Lippenstift-Drehhülsen, erhältlich im Internet, z.B. bei spinnrad.de**
**Zutaten für 5-10 Stifte**

| |
|---|
| Lebensmittelfarbe oder Pigmente, nach Belieben |
| 10 g Jojobaöl, erhältlich in der Apotheke oder im Internet, z.B. von enaissance.de |
| 1000 g heißes Wasser |
| 5 g Bienenwachs, erhältlich im Internet |
| 2 g/ ½ TL Karnaubawachs, erhältlich z.B. bei verschiedenen Onlinehändlern oder in Apotheken |
| 5 g Kokosöl, erhältlich in der Apotheke oder im Internet |

1. Verarbeite die Lebensmittelfarbe oder Pigmente vor der Zubereitung jeweils mit einem halben Teelöffel Jojobaöl mit einem Mörser zu einem Brei.

2. Befülle den Mixtopf mit dem heißen Wasser und setze das Garkörbchen ein.

3. Fülle Bienenwachs, Karnaubawachs, Kokosöl und Jojobaöl in ein kleines Glas, stelle dieses in das Garkörbchen und erhitze es 10 Minuten/90°C/Stufe 1.

4. Gib den Lebensmittelfarbebrei oder noch besser Pigmentebrei in das Glas dazu und rühre ihn mit einer Gabel ein.

5. Mit einem Papiertrichter gießt du den Brei in Lippenstifthülsen und lässt ihn am besten im Kühlschrank erkalten.

6. Die Schminkstifte sind bei steriler Arbeitsweise, dunkler und trockener Lagerung ca. 6 Monate haltbar.

Lebensmittelfarben verbinden sich nur in Pulverform mit den Wachsen und Ölen. Also musst du die Farben vorher (leider mühselig) per Hand mit Öl zerstoßen. Ansonsten erhältst du, wie wir auch, einen dicken Farbklumpen und oben schwimmt das Öl. Die schönsten Ergebnisse lassen sich mit Pigmenten aus der Gewürzküche erzielen, z.B. mit Kurkuma und Rote Bete-Pulver.

1100 g | 12 h 5 Min. | leicht

# PUSTEWUNDER – Seifenblasen

**Zubereitungszeit: 5 Minuten**
**Ruhezeit: 12 Stunden**
**Zutaten für 1100 g Wasser**

- 1100 g Wasser
- 60 g Zucker
- 100 g Neutralseife, in Stücken, erhältlich im Drogeriemarkt oder in der Apotheke
- 4 g Tapetenleimpulver

1. Erhitze 100 g Wasser mit dem Zucker im Mixtopf 2 Minuten/ 90°C/ Stufe 2.

2. Füge die Neutralseife hinzu und verrühre die Mischung 5 Sekunden/ Stufe 2.

3. Als Nächstes gibst du das Tapetenleimpulver hinzu und verrührst alles erneut 5 Sekunden/ Stufe 2.

4. Lass die Mischung 12 Stunden ruhen.

5. Nach der Ruhezeit fügst du 1000 g Wasser hinzu und verrührst die Mischung 1 Minute/ Sanftrührstufe. Fertig ist die Seifenblasenmischung.

**mixtipp**

Fülle die Seifenblasenmischung in eine alte Seifenblasenflasche oder in ein anderes Gefäß und bastel dir aus Pfeifenreinigern oder mit Wolle umwickeltem Draht eigene Blasringe.

**mixtipp**

Vor 5000 Jahren haben die Sumerer das Seifensieden erfunden und damit die ersten Seifenblasen. Sie hatten bestimmt noch kein so gutes Rezept.

Wer Kinder hat, freut sich bestimmt über dieses Rezept. Denn es funktioniert wirklich.

1 Portion | 3 Min. | leicht

# GRUSELGLIBBER – Slimy

**Zubereitungszeit: 3 Minuten**
**Zutaten für 1 Portion**

- 10 g (1 EL) Flohsamenschalen, gemahlen, erhältlich im Reformhaus
- 250 g Wasser
- 3 EL Lebensmittelfarbe, nach Belieben
- 5 Tropfen ätherisches Orangenöl, erhältlich in der Apotheke oder im Internet

1. Wiege die Flohsamenschalen in den Mixtopf ein und gib das Wasser dazu.

2. Füge die Farbe deiner Wahl dazu sowie das ätherische Öl.

3. Erhitze die Masse 2 Minuten 30 Sekunden/100°C/Stufe 2 und der Slimy ist spielfertig.

*Der Slime oder Slimy hat uns fast die meisten Nerven gekostet. Wir mussten viel herumexperimentieren – aber entweder war der Geruch nach Kleber so penetrant oder die Zutaten zu exotisch. Nach mehreren Wochen hatten wir es dann: Hier präsentieren wir den besten selbstgemachten Slimy, der auch noch super riecht.*

WICHTIG: Da der Öko-Slimy aus verderblichen Zutaten besteht, ist auch die Haltbarkeit sehr begrenzt. Nach zwei, drei Tagen ist das Ding nicht mehr frisch und gehört in die Mülltonne.

1000 g | 1 Min. | leicht

# PLAY SAND – Schlechtwetter-Spielsand

**Zubereitungszeit: 1 Minute**
**Zutaten für 1000 g Sand**

| |
|---|
| 1000 g Weizenmehl |
| 250 g Babyöl |

1. Vermische das Mehl mit dem Öl im Mixtopf 20 Sekunden/ Stufe 3 und schiebe die Reste mit dem Spatel nach unten.

2. Verrühre die Zutaten erneut 20 Sekunden/ Stufe 3.

3. Fertig ist der Indoor-Sand. Der Sand ist je nach Benutzung ca. 3 Monate haltbar. Wenn er danach immer noch gut riecht auch länger.

Einfacher geht es kaum. Hätte ich dieses Rezept schon gekannt, als meine Kinder noch klein waren, ich hätte ein ganzes Planschbecken vollgefüllt und mich selbst mit reingesetzt. Ich liebe diesen Indoor-Sand und konnte nicht mehr aufhören mit Kuchen, Burgen und Eiskugeln zu spielen.

10 Stifte | 48 h 10 Min. | mittel

# MALLALA – Straßenkreide

**Zubereitungszeit: 10 Minuten**
**Ruhezeit: 48 Stunden**
**Zutaten für ca. 10 Stifte**

- 5 DIN A5-große Blätter
- 375 g Modellgips
- 200 g Wasser
- Für grobporige Kreide 1 gestrichenen TL Natron dazugeben
- Lebensmittelfarbe, falls gewünscht

1. Zuerst bereitest du die Papierrollen vor: Halbiere dafür fünf DIN A5-große Papiere der Länge nach. Umwickle einen Besenstiel oder einen dicken Stift mit den Papieren. Das Papier klebst du jeweils mit Klebestreifen an einem Ende fest zu, so dass eine Seite nach unten dicht ist, also bloß nicht sparsam mit dem Klebeband umgehen.

2. Verrühre Gips und Wasser, gegebenenfalls zusammen mit Natron und Lebensmittelfarbe 40 Sekunden/Stufe 4 im Mixtopf. Fülle die Masse in die vorbereiteten Papierrollen und stelle die Rollen hochkant in ein Glas. Dort muss die Masse 48 Stunden trocknen. Schnell den Thermomix unter fließendem Wasser saubermachen und von allen Gipsresten befreien. Gips wird nach zehn Minuten hart. Also Beeilung!

UPPS:
Fast hätte es keine Kreide gegeben – wir hatten zuerst Bedenken, Gips im Thermomix zu verarbeiten – doch wir haben uns getraut und es hat sich gelohnt, die Straßenkreide ist mindestens so gut wie selbstgekaufte und unbegrenzt haltbar.

2 Gläser | 10 Min. | leicht

# STICKI PICKI – Bastelkleber

**Zubereitungszeit: 10 Minuten**
**Utensilien: 2 verschließbare Gläser à 250 ml, sterilisiert**
**Zutaten für 2 Gläser**

| | |
|---|---|
| 500 g | Wasser |
| 20 g | Essig |
| 5 g | Salz |
| 100 g | Speisestärke |

1. Für den Kleber gibst du als Erstes Wasser, Essig und Salz in den Mixtopf und erhitzt die Mischung 3 Minuten/ 100°C/ Stufe 1.

2. Füge dann die Speisestärke hinzu und rühre sie 3 Minuten/ 100°C/ Stufe 3 ein. Anschließend füllst du den Kleber in verschließbare Gläser.

**mixtipp**

Wenn du den Bastelkleber noch heiß in die Gläser füllst und verschließt, verhält er sich wie Marmelade und ist ewig haltbar. Einmal offen, lagerst du ihn im Kühlschrank, da hält er sich locker 3 Monate.

Ob mit dem Finger oder mit dem Pinsel aufgetragen, der Self-Made-Bastelkleber enthält keine Lösungsmittel und ist auch für kleine Kinder unbedenklich. Man könnte ihn sogar essen, doch ich bin mir sicher, er schmeckt fürchterlich. Das Gute ist, er lässt sich von klebrigen Kinderhänden, Kinderkleidchen oder Tischplatten einfach abwaschen. Ein guter halber Liter Kleber kostet noch nicht einmal 50 Cent.

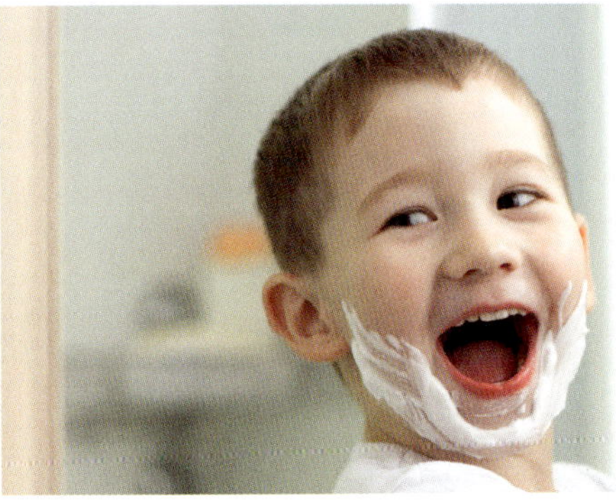

# KOSMETIK

6 Seifen | 2 h 35 Min. | mittel

# WELTBESTES OMAMA-GESCHENK –
## Kosmetikseife mit Kinderfoto

**Zubereitungszeit: 35 Minuten**
**Ruhezeit: 2 Stunden**
**Utensilien: Seifenform aus Silikon, erhältlich im Internet**
**Zutaten für 6 Seifen**

- 250 g Glycerinseife klar, in Stücken, erhältlich z.B. in Drogeriemärkten
- 30 Tropfen ätherisches Öl, z.B. Lavendel
- 250 g Glycerinseife weiß, in Stücken, erhältlich z.B. in Drogeriemärkten
- 6 laminierte Fotos in Seifengröße

1. Fette die Silikonform leicht ein.

2. Gib dann die klare Seife in Stücken in den Mixtopf und zerkleinere sie 4 Sekunden/ Stufe 7. Schiebe die Stücke mit dem Spatel herunter und erhitze sie 10 Minuten/ 90°C/ Stufe 1.

3. Jetzt musst du die Hälfte des ätherischen Öls dazutröpfeln und dieses mit der flüssigen Seife 5 Minuten/ 90°C/ Sanftrührstufe erhitzen. Arbeite zügig, da die Seife schnell wieder fest wird!

4. Als Nächstes gießt du die Seife ca. 1 cm hoch in die Seifenform und legst schnell das Foto, mit dem Bild nach unten, auf.

5. Wende dich nun der weißen Seife zu. Gib sie in Stücken in den Mixtopf und zerkleinere sie 4 Sekunden/ Stufe 7. Schiebe die Stücke mit dem Spatel nach unten. Erhitze die Seife 10 Minuten/ 90°C/ Stufe 1 und füge anschließend die restlichen Tropfen des ätherischen Öls hinzu. Erhitze die Mischung 5 Minuten/ 90°C/ Sanftrührstufe und fülle die Seife zu der klaren Seife auf das laminierte Foto in die Silikonform. Stelle die Seife für mindestens zwei Stunden in den Kühlschrank.

Die weiße Seife wurde verwendet, damit das Foto besser zur Geltung kommt. Bei uns haben die Seifen bei den Omas wahre Begeisterungsstürme ausgelöst.

1100 g | 1 h | leicht

# VINTAGE SOAP – Flüssigseife

**Zubereitungszeit: 1 Stunde**
**Utensilien: Seifenspender, sterilisiert, erhältlich im Drogeriemarkt**
**Zutaten für 1100 g Seife**

| | |
|---|---|
| 100 g Seife, in Stücken | |
| 1000 g Wasser | |

1. Zerkleinere die Seife deiner Wahl 10 Sekunden/ Stufe 10, gib das Wasser dazu und erhitze die Mischung 14 Minuten/ 100°C/ Sanftrührstufe.

2. Lass die Mischung dann 45 Minuten/ Sanftrührstufe ohne Messbecher auskühlen, bis die Flüssigseife wieder Zimmertemperatur erreicht hat.

3. Anschließend kannst du die Flüssigseife in deinen Seifenspender umfüllen.

*Flüssigseifen reinigen sanft und sehen in Glasflaschen richtig gut aus. Wer Seifenreste hat, kann hier bestens recyceln. Auch wir haben in den Regalen nach gut riechenden Seifenexemplaren gestöbert. Vielleicht hat ja die Tante, die Oma oder die Nachbarin noch einen ungenutzten Vorrat, den du im Handumdrehen zu wunderbarer Flüssigseife verwandeln kannst. Manche Seifen reagieren anders als andere, warum auch immer. Falls die Konsistenz nach dem Erkalten nicht die richtige ist, kannst du sie mit heißem Wasser verlängern, bis sie die perfekte Konsistenz für den Seifenspender hat.*

2 Gläser | 2 h 16 Min. | leicht

# GENDER-SHAVING – Rasiercreme für Sie & Ihn

**Zubereitungszeit: 16 Minuten**
**Ruhezeit: 2 Stunden**
**Utensilien: 2 luftdichte Gläser à 250 ml, sterilisiert, erhältlich im Internet, z.B. bei enaissance.de oder spinnrad.de**
**Zutaten für 2 Gläser**

| |
|---|
| 20 g Seife |
| 55 g Wasser |
| 80 g Sheabutter, erhältlich in der Apotheke oder im Internet |
| 125 g Mandelöl, erhältlich in der Apotheke oder im Internet |
| 125 g Glycerin, erhältlich in der Apotheke oder im Internet |
| 5-10 Tropfen ätherisches Öl, z.B. Jasmin, Kamille oder Rosmarin |

1. Zunächst zerkleinerst du die Seife deiner Wahl im Mixtopf 20 Sekunden/ Stufe 10.

2. Gieße das Wasser ein und lass die Mischung 7 Minuten/ 100°C/ Stufe 1 köcheln. Füge die Sheabutter hinzu und schmelze sie 3 Minuten/ 70°C/ Stufe 1.

3. Anschließend schüttest du Mandelöl und Glycerin in den Mixtopf und verrührst es mit der Mischung im Mixtopf 10 Sekunden/ Stufe 3. Stelle den Mixtopf nun für zwei Stunden in den Kühlschrank. Du erhältst eine gummiartige Masse, die du heraushebst und mit einem Messer grob zerteilst.

4. Setze den Schmetterling in den Mixtopf ein. Gib die Seifenmasse zusammen mit dem ätherischen Öl deiner Wahl, ca. 5-10 Tropfen, in den Mixtopf und vermische alles 4 Minuten/ Stufe 4 zu einer Rasiercreme. Bei steriler Verarbeitung ist der Rasierschaum unbegrenzt haltbar.

**mixtipp**

Uns überzeugt der regenerierende Effekt von Rosenwasser. Tausche einfach das Wasser gegen Rosenwasser aus!

Ob Gesicht, Beine, Achseln oder Intim – wer rasiert, braucht eine besondere Pflege. Das übernehmen hier Sheabutter und Mandelöl. Beides sind Rohstoffe, die der Haut nur Gutes tun. Sheabutter ist nicht nur pflegend, sondern auch heilend. Daher wird sie auch gerne in hochwertigen Salben verwendet. Auf Mandelöl schwören wir sowieso, es hinterlässt ein besonders angenehmes Hautgefühl. Zu den ätherischen Ölen: Jasmin wirkt entzündungshemmend, Kamille beruhigend und Rosmarin reinigt die Haut.

1 Flasche | 35 Min. | leicht

# FREUND AXEL –
## Deospray mit Salbei

**Zubereitungszeit: 5 Minuten**
**Ruhezeit: 30 Minuten**
**Utensilien: 1 Deosprühflasche à 250 ml, sterilisiert, erhältlich im Internet, z.B. bei spinnrad.de**
**Zutaten für 1 Sprühflasche**

- 200 g Wasser
- 20 g Natron
- 10 Tropfen ätherisches Muskatellersalbeiöl, erhältlich in der Apotheke oder im Internet
- 10 Tropfen ätherisches Grapefruitöl, erhältlich in der Apotheke oder im Internet
- 5 Tropfen ätherisches Zitronenöl, erhältlich in der Apotheke oder im Internet
- 2 Tropfen Teebaumöl, erhältlich im Drogeriemarkt

1. Erhitze das Wasser im Mixtopf 3 Minuten/ 100°C/ Stufe 1 und lass es dann 30 Minuten abkühlen.

2. Gib nach dem Abkühlen das Natron hinzu und rühre es 15 Sekunden/ Stufe 3 in das Wasser ein.

3. Füge dann Muskatellersalbeiöl, Grapefruitöl, Zitronenöl und Teebaumöl hinzu und verrühre alles 15 Sekunden/ Stufe 3.

4. Jetzt kannst du die Mischung in eine Sprühflasche füllen. Wenn du das Spray kühl und trocken lagerst, ist es ca. 6 Monate haltbar.

Es muss nicht immer aus dem Drogeriemarkt sein. Dieses selbstgemachte Deo funktioniert auch. Seine Zutaten sind simpel aber wirksam. Das Natron wirkt geruchsneutralisierend und verhindert, dass unangenehme Gerüche überhaupt entstehen. In der Duftwahl kannst du variieren. Nur auf den Salbei solltest du nicht verzichten. Der Salbei wirkt antibakteriell und schweißhemmend. Beim Teebaumöl trennen sich die Geschmäcker. Wenn du das Teebaumöl weglässt, bleibt auch dessen Wirkung aus. Teebaumöl kann gestresste Haut beruhigen und bei frisch rasierten Achseln verhindert es Juckreiz und Brennen. Außerdem verhindert es die Zersetzung von Schweißbakterien.

1 Deoroller | 36 Min. | leicht

# COUSIN AXEL –
## Deoroller

**Zubereitungszeit: 6 Minuten**
**Ruhezeit: 30 Minuten**
**Utensilien: 1 Deoroller-Behältnis à 250 ml, sterilisiert, erhältlich im Internet**
**Zutaten für 1 Deoroller**

- 200 g destilliertes Wasser
- 15 g Speisestärke
- 20 g Kokosöl, erhältlich in der Apotheke oder im Internet
- 20 g Natron
- 10 Tropfen ätherisches Limettenöl, erhältlich in der Apotheke oder im Internet
- 10 Tropfen ätherisches Palmarosaöl, erhältlich in der Apotheke oder im Internet

1. Erhitze als Erstes das Wasser im Mixtopf 3 Minuten/ 100°C/ Stufe 1.

2. Füge die Speisestärke hinzu und rühre sie 1 Minute/ 100°C/ Stufe 4 ein. Lass die Mischung anschließend 30 Minuten abkühlen.

3. Nach dem Abkühlen fügst du das Kokosöl hinzu und verrührst die Mischung 1 Minute/ 40°C/ Stufe 4.

4. Gib dann Natron, Limettenöl und Palmarosaöl hinzu und verrühre alles 15 Sekunden/ Stufe 3.

5. Nun kannst du die Mischung in das Deoroller-Behältnis füllen und dieses kühl und trocken lagern, so ist das Deo etwa 4 Monate haltbar.

**mixtipp**

Deos ohne Aluminium sind gesünder, verursachen auf der Kleidung keine gelben Flecken und sind auch noch billiger.

Wenn du das Deo etwas frischer haben möchtest, ersetze den zarten Palmarosaduft durch Grapefruit oder für eine herbere Note durch Zedern- oder Rosmarinöl. Du siehst schon, es macht Spaß mit den Düften zu experimentieren. Das Deo riecht nicht nur gut, es hat durch seine Inhaltsstoffe wichtige Eigenschaften. Das Limettenöl stoppt die Transpiration und das Zaubermittel Natron neutralisiert unangenehme Gerüche. Die Stärke sorgt für die richtige Konsistenz und bindet gleichzeitig die Feuchtigkeit. Unser geliebtes Kokosöl pflegt die Achseln und gibt dir ein seidenzartes Gefühl.

1 Flasche | 2 Min. | leicht

# SOMMERFRISCHE – Bodyspray

**Zubereitungszeit: 2 Minuten**
**Utensilien: 1 Sprühflasche à 150 ml, sterilisiert, erhältlich im Internet, z.B. bei spinnrad.de**
**Zutaten für 1 Flasche**

- 100 g Pfefferminzhydrolat, erhältlich in der Apotheke oder im Internet, alternativ destilliertes Wasser
- 20 g Glycerin, erhältlich in der Apotheke oder im Internet
- 20 g Wodka
- Inhalt von 1 Vitamin E-Kapsel, z. B. von der dm-Drogeriemarkt-Hausmarke
- 5 Tropfen ätherisches Pfefferminzöl, erhältlich in der Apotheke oder im Internet
- 5 Tropfen ätherisches Salbeiöl, erhältlich in der Apotheke oder im Internet
- 5 Tropfen ätherisches Zitronenöl, erhältlich in der Apotheke oder im Internet

1. Vermische das Pfefferminzhydrolat mit dem Glycerin 5 Sekunden/ Stufe 3 und füge Wodka, Vitamin E, Pfefferminzöl, Salbeiöl und Zitronenöl hinzu. Verrühre alles erneut 30 Sekunden/ Stufe 2.

2. Fülle die Mischung in eine sterilisierte Sprühflasche um. Fertig ist dein Bodyspray. Das Spray ist bei steriler Arbeitsweise ca. 3 Monate haltbar. Grundsätzlich ist aber der Geruch ausschlaggebend: Riecht es noch gut, ist es länger haltbar.

**mixtipp**
Vor Gebrauch gut durchschütteln.

*Wenn es draußen heiß und schwül ist, gibt dir das Bodyspray den kleinen Frischekick ohne ein klebriges Gefühl zu hinterlassen. Die Pfefferminze kühlt, Vitamin E schmeichelt der Haut, Glycerin spendet Feuchtigkeit, Zitrone und Salbei machen gute Laune. Natürlich könnt ihr die Duftkompositionen variieren. Diese hat uns jedoch am besten gefallen.*

## mixtipp

**Um Allergien vorzubeugen, verwende für die Beauty-Rezepte nur ätherische Öle in hochwertiger Qualität. Am besten Bio-Produkte.**

1200 g | 45 Min. | leicht

# ALOALE – Sanftes Aloe-Shampoo für Allergiker

**Zubereitungszeit: 15 Minuten**
**Ruhezeit: 30 Minuten**
**Zutaten ca. 1200 g**

- 50 g Olivenölseife, in Stücken
- 500 g Wasser
- 500 g Aloe Vera-Gel, erhältlich z.B. im Reformhaus
- 50 g Glycerin
- 3 TL Mandelöl
- 50 Tropfen ätherisches Rosmarinöl

1. Zuerst zerkleinerst du die Olivenölseife im Mixtopf 10 Sekunden/ Stufe 10 und fügst das Wasser hinzu. Erhitze die Mischung 14 Minuten/ 100°C/ Sanftrührstufe und lass sie anschließend 30 Minuten abkühlen.

2. Nach dem Abkühlen fügst du Aloe Vera-Gel, Glycerin, Mandelöl und ätherisches Rosmarinöl hinzu und verrührst alles 30 Sekunden/ Stufe 3. Fertig ist das Shampoo.

**mixtipp**

Schüttle das Shampoo vor dem Gebrauch einmal kurz durch. Es schäumt nicht so wie herkömmliche Shampoos, das Ergebnis ist dafür aber überzeugend.

Wer sein Haar weich und geschmeidig mag oder unter Schuppen leidet, hat mit dieser Rezeptur die Lösung gefunden. Der pH-Wert der Seife liegt bei 8-9, so wird der Säureschutzmantel der Kopfhaut nicht angegriffen. Das ist besonders bei Allergikern und Menschen mit empfindlicher Haut sehr wichtig. Ich habe eine ziemlich wuchernde Aloe-Pflanze. Mit einem Löffel schabe ich dann das Gel aus dem Inneren des Blattes. Wenn du keine eigene Pflanze hast, kannst du das Aloe Vera-Gel auch im Reformhaus kaufen. Glycerin (Zuckeralkohol) ist ein Bestandteil vieler pflanzlicher und tierischer Fette. Heutzutage wird es meist nur noch aus Pflanzen gewonnen. In der richtigen Zusammensetzung sorgt das Glycerin dafür, dass die Feuchtigkeit in der Haut bzw. in den Haaren festgehalten wird.

1 Glas | 2 h 15 Min. | leicht

# ANTI-FRIZZ – Haarkur

**Zubereitungszeit: 15 Minuten**
**Ruhezeit: 2 Stunden**
**Utensilien: 1 verschließbares Glas à 100 ml, sterilisiert, erhältlich im Internet, z.B. bei spinnrad.de**
**Zutaten für 1 Glas**

- 25 g Kokosöl, erhältlich in der Apotheke oder im Internet
- 25 g Sheabutter, erhältlich in der Apotheke oder im Internet
- 2 Vitamin E-Kapseln, z.B. von der dm-Drogeriemarkt-Hausmarke
- 10 Tropfen ätherisches Lavendelöl, erhältlich in der Apotheke oder im Internet
- 10 Tropfen ätherisches Rosmarinöl, erhältlich in der Apotheke oder im Internet

1. Zuerst gibst du das Kokosöl und die Sheabutter in den Mixtopf und vermischst beides 3 Minuten/ 50°C/ Stufe 3.

2. Dann fügst du den Inhalt von den Vitamin E-Kapseln, das Lavendelöl und das Rosmarinöl dazu und vermischst den Conditioner 10 Sekunden/ Stufe 3.

3. Anschließend stellst du den Mixtopf für 2 Stunden in den Kühlschrank. Danach setzt du den Mixtopf wieder ein und zerkleinerst die fest gewordene Kur grob mit dem Spatel, so dass das Messer wieder frei laufen kann.

4. Zum Schluss setzt du nun den Schmetterling ein und schlägst die Haarkur 10 Minuten/ Stufe 3 auf.

**mixtipp**
Am besten eine walnussgroße Menge in die Spitzen einarbeiten und nach 15 Minuten wieder ausspülen.

Egal ob Locken, glatte Haare, Kurzhaarschnitt oder Bob: Haare sind für uns Mädels immer ein Thema. Mit dieser Kur verwöhnst und pflegst du dein Haar. Das Ergebnis: Deine Haare sind wieder geschmeidig und glänzend. Mit dieser selbstgemachten Haarkur kannst du widerspenstiges Haar bändigen und die Spitzen immun gegen Frizz werden lassen.

2 Gläser | 2 h 15 Min. | leicht

# DETOX-PFLEGE 30 PLUS – Tagescreme für geschmeidige Haut

**Zubereitungszeit: 15 Minuten**
**Ruhezeit: 2 Stunden**
**Utensilien: 2 luftdichte Gläser à 50 ml, sterilisiert, erhältlich im Internet, z.B. bei enaissance.de oder spinnrad.de**
**Zutaten für 2 Gläser**

- 40 g Rosenwasser, erhältlich in der Apotheke oder im Internet
- 10 g Jojobaöl, erhältlich in der Apotheke oder im Internet
- 10 g Weizenkeimöl, erhältlich in der Apotheke oder im Internet
- 10 g Mandelöl, erhältlich in der Apotheke oder im Internet
- 3 g Bienenwachs, erhältlich im Internet
- 3 g Wollwachsalkohole, erhältlich in der Apotheke oder im Internet
- 5 g Kakaobutter, erhältlich in der Apotheke oder im Internet
- 5 Tropfen ätherisches Melissenöl, erhältlich in der Apotheke oder im Internet

1. Zuerst füllst du das Rosenwasser zusammen mit dem Jojobaöl, Weizenkeimöl, Mandelöl, Bienenwachs und den Wollwachsalkoholen in den Mixtopf und vermischst die Zutaten 10 Minuten/ 70°C/ Stufe 4 zu einer Creme.

2. Dann gibst du die Kakaobutter hinzu und rührst die Mischung 4 Minuten/ Stufe 4.

3. Zum Schluss mischst du das Melissenöl 20 Sekunden/ Stufe 3 unter, füllst die Creme in kleine Döschen und lässt sie 2 Stunden ruhen.

*Diese Tagescreme ist eine reichhaltige Pflege und trotzdem leicht genug für jeden Tag. Sie pflegt selbst sensible, trockene Haut wieder zart und geschmeidig. Der leichte Duft ist wunderschön – und die Haut wird mit Antioxidantien, Vital- und Mineralstoffen versorgt, wie es sonst kaum eine gekaufte Creme kann. Parabene oder Chemie haben hier keine Chance.*

5 Gläser | 2 h 16 Min. | mittel

# WÖLKCHEN – Dusch-Schaum

**Zubereitungszeit: 16 Minuten**
**Ruhezeit: 2 Stunden**
**Utensilien: 5 verschließbare Gläser à 200 ml, sterilisiert**
**Zutaten für 5 Gläser**

- 50 g Seife, in Stücken
- 110 g Wasser
- 40 g Glycerin, erhältlich in der Apotheke oder im Internet
- 50 g Mandelöl, erhältlich in der Apotheke oder im Internet
- 5-10 Tropfen ätherisches Öl deiner Wahl, erhältlich in der Apotheke oder im Internet

1. Verrühre die Seife im Mixtopf 25 Sekunden/ Stufe 1 und gib das Wasser hinzu.

2. Löse die Seife darin 10 Minuten/ 100°C/ Stufe 1 auf.

3. Füge Glycerin und Mandelöl hinzu und verrühre die Zutaten 1 Minute/ Stufe 1.

4. Lass die Mischung anschließend 2 Stunden im Kühlschrank abkühlen.

5. Nach dem Abkühlen hebst du mit dem Spatel die gummiartige Masse etwas auf und zerteilst sie grob, so dass die Klinge wieder frei laufen kann.

6. Gib dann das ätherische Öl hinzu, setze den Schmetterling auf die Klinge und verrühre die Masse 4 Minuten/ Stufe 4. Der Duschschaum hält sich bei steriler Arbeitsweise und trockener Lagerung ca. 6 Monate.

**mixtipp**

Je nach Seife ändert sich auch die Konsistenz des Schaums. Gib also nicht gleich auf, wenn dein Duschwölkchen nicht gleich beim ersten Mal ganz perfekt wird.

Irre, was für ein cremiger Smoothie! Wieso noch herkömmliches Duschgel benutzen, wenn man doch diesen traumhaften Duschschaum selbst herstellen kann? Wir können gar nicht so oft duschen, wie wir neue Duft- und Seifenvarianten ausprobieren wollen.

2 Gläser | 15 Min. | leicht

# SANFTE ROSE – Handlotion für streichelzarte Hände

**Zubereitungszeit: 15 Minuten**
**Utensilien: 2 verschließbare Gläser à 200 ml, sterilisiert, erhältlich im Internet**
**Zutaten für 2 Gläser**

| **Für die Salbenbasis:** |
| --- |
| 30 g Bienenwachs, erhältlich im Internet |
| 130 g Olivenöl |

| **Für die Handlotion:** |
| --- |
| 160 g Rosenwasser, erhältlich in der Apotheke oder im Internet |
| 20 Tropfen Rosenöl, erhältlich in der Apotheke oder im Internet |

1. Für die Salbenbasis gibst du zuerst das Bienenwachs und das Olivenöl in den Mixtopf und vermischst beides 7 Minuten/ 70°C/ Stufe 1.

2. Danach stellst du den Thermomix auf 5 Minuten/ Stufe 4 und lässt das Rosenwasser und das Rosenöl langsam durch die Deckelöffnung auf das Messer laufen, bis eine homogene Lotion entsteht.

3. Fülle die Lotion anschließend in ein verschließbares Glas. Bei steriler Verarbeitung hält sich die Salbenbasis bis zu sechs Monate, im Kühlschrank aufbewahrt auch länger. Die Lotion solltest du aber innerhalb von ca. 3 Wochen aufbrauchen. Wenn sie nach 3 Wochen noch angenehm riecht, kannst du sie auch länger verwenden.

Mit dieser Handlotion werden deine Hände schnell zu denen von einer Königin, denn die wertvolle Pflege ist sofort spürbar. Die Haut wird superweich und der Duft haut alle Rosenliebhaber um.

1 Glas | 20 Min. | leicht

# SOFT & SMOOTH – Fußbutter

**Zubereitungszeit: 10 Minuten**
**Ruhezeit: 10 Minuten**
**Utensilien: 1 verschließbares Glas à 150 ml, sterilisiert**
**Zutaten für 1 Glas**

30 g Kakaobutter, erhältlich in der Apotheke oder im Internet

60 g Sheabutter, erhältlich in der Apotheke oder im Internet

30 g Kokosöl, erhältlich in der Apotheke oder im Internet

1. Zerkleinere die Kakaobutter im Mixtopf 10 Sekunden/ Stufe 10 und erhitze sie 3 Minuten/ 40°C/ Stufe 2.

2. Füge die Sheabutter und das Kokosöl hinzu und verrühre alles 30 Sekunden/ Stufe 3.

3. Lass die Mischung anschließend 10 Minuten im Kühlschrank abkühlen.

4. Setze nach der Kühlzeit den Schmetterling auf die Klinge und rühre die Mischung 4 Minuten/ Stufe 4 durch.

**mixtipp**

Wer es duftender mag, gibt unter Schritt 2 20 Tropfen Lavendelöl, 20 Tropfen Zitronenöl oder 10 Tropfen Pfefferminzöl hinzu.

Diese Fußbutter ist eine reichhaltige Pflege für die trockene Haut. Sie macht zarte Prinzessinenfüßchen weich und geschmeidig. Sheabutter besitzt Vitamin A, E, F und Allantoin, das bei Hautirritationen hilft und wundheilend wirkt. In Verbindung mit hochwertiger Kakaobutter, dem afrikanischen Schönheitsgeheimnis, das Mineralstoffe, Aminosäuren und Lipide liefert, wird die Haut an den Füßen verwöhnt.

Ich habe mich für die Variante ohne ätherische Öle entschieden, da der Duft unraffinierter Kakaobutter für mich Luxus genug ist.

1 Glas | 2 h 15 Min. | leicht

# SWEET HONEY-KISS – Pflegender Lippenbalsam

**Zubereitungszeit: 15 Minuten**
**Ruhezeit: 2 Stunden**
**Utensilien: 1 verschließbares Glas à 50 ml, sterilisiert, erhältlich im Internet, z.B. bei nailfunshop.de**
**Zutaten für 1 Glas**

| |
|---|
| 10 g Bienenwachs |
| 10 g Kakaobutter |
| 20 g Jojobaöl |
| 10 g Honig |

1. Zuerst erwärmst du das Bienenwachs 10 Minuten/ 70°C/ Stufe 1, gibst anschließend die Kakaobutter dazu und rührst beides 2 Minuten/ Stufe 1 unter.

2. Dann wiegst du das Öl und den Honig ein und rührst die Zutaten 30 Sekunden/ Stufe 3 unter. Jetzt füllst du den Balsam in ein kleines Glas und lässt ihn 2 Stunden durchhärten.

*Am besten verwendest du für den Lippenbalsam Jojobaöl, denn es hat gleich zwei wichtige Eigenschaften, die deine Lippen lieben werden: Das Öl von Jojobasamen macht den Balsam geschmeidig und wirkt gleichzeitig stark feuchtigkeitsspendend. Außerdem hat es einen natürlichen Lichtschutzfaktor und schützt die empfindliche Lippenhaut vor UV-Strahlung. Die Kakaobutter sorgt für ein angenehm cremiges Gefühl und versorgt deine Haut gleichzeitig mit Mineralstoffen, Aminosäuren und Lipiden. Die dritte Zutat, der Honig, wirkt antibakteriell und heilend, und der leicht süße Geschmack macht den Lippenbalsam zu etwas Besonderem. Die letzte Beigabe, das Bienenwachs, legt sich wie ein zarter Schutzfilm auf deine Haut und wirkt besonders bei rauen Lippen sehr wohltuend.*

50 g | 2 h 2 Min. | leicht

# SOFT RASPBERRY SCRUB – Lippenpeeling

**Zubereitungszeit: 2 Minuten**
**Ruhezeit: 2 Stunden**
**Utensilien: verschließbare Döschen, sterilisiert, nach Belieben, erhältlich z.B. bei nailfunshop.de**
**Zutaten für 50 g**

| |
|---|
| 20 g getrocknete Himbeeren, erhältlich im Internet, z.B. bei Phytofit.de |
| 10 g Rohrzucker |
| 20 g Jojobaöl, erhältlich in der Apotheke oder im Internet, z.B. bei enaissance.de |
| (wahlweise 5 Tropfen ätherisches Pfefferminzöl für einen Push-Up-Effekt) |

1. Zuerst zerkleinerst du die Himbeeren im Mixtopf 30 Sekunden/ Stufe 8. Schiebe die Stückchen mit dem Spatel nach unten.

2. Füge anschließend Zucker und Jojobaöl hinzu und verrühre alles 10 Sekunden/ Stufe 2.

3. Nun kannst du das Lippenpeeling in kleine sterilisierte Döschen füllen und 2 Stunden durchhärten lassen.

*Bevor eine weitere Pflege auf deine Lippen kommt, sollten sie von abgestorbenen Hautschüppchen befreit werden. Das geht mit diesem Lippenpeeling perfekt. Die körnigen Inhaltsstoffe rubbeln die sensible Lippenhaut sanft ab und die Lippen werden durch die Behandlung gut durchblutet und rosig. Einfach ein bisschen davon mit dem Finger vorsichtig auf den Lippen verreiben. Das Besondere an diesem Lippenpeeling ist nicht nur das Ergebnis von seidig zarten Lippen, der Knaller ist der Geschmack nach Himbeerbrause.*

1 Lippenstift | 11 Min. | leicht

# WACHGEKÜSST – Nutella-Lippenstift

**Zubereitungszeit: 11 Minuten**
**Utensilien: 1-2 Lippenstifthüllen oder 1-2 kleine 5 bis 10-Gramm-Döschen, erhältlich im Internet, sterilisiert**
**Zutaten für 1 bis 2 Lippenstifte oder Balsam-Döschen**

- 1000 g heißes Wasser
- 5 g Bienenwachs, erhältlich im Internet
- 5 g Kokosöl, erhältlich in der Apotheke oder im Internet
- 5 g Nutella

1. Zuerst füllst du den Mixtopf mit dem heißen Wasser und setzt das Garkörbchen ein.

2. Dann gibst du Bienenwachs, Kokosöl und Nutella in ein kleines Glas und stellst es ohne Messbecher für 10 Minuten/ 70°C/ Stufe 1 in das Garkörbchen.

3. Bei steriler Arbeitsweise ist der Lippenstift etwa 6 Monate haltbar.

Wahre Schönheit kommt von innen – doch ein bisschen was kannst du auch von außen tun. In diesem Fall werden wertvolle Pflegestoffe mit leckerer Nuss-Nougat-Creme zusammengeführt. Heraus kommt ein reichhaltiges, innovatives und witziges Handtaschen-Accessoire. Mmmhhmm – lecker.

1 Fläschchen | 1 Min. | leicht

# ROSE BEAUTY EYES – Augen-Make Up-Entferner mit Anti-Aging-Effekt

**Zubereitungszeit: 1 Minute**
**Utensilien: 1 Fläschchen à 80 ml, sterilisiert**
**Zutaten für 1 Fläschchen**

55 g Mandelöl, erhältlich in der Apotheke oder im Internet

25 g Rosenwasser, erhältlich in der Apotheke oder im Internet

1. Verrühre das Mandelöl mit dem Rosenwasser im Mixtopf 20 Sekunden/ Stufe 3.

2. Fülle die Mischung in ein sterilisiertes Fläschchen ab. Darin ist es etwa 4 Monate haltbar.

*Damit die empfindliche Haut schön bleibt, ist das Abschminken der Augen am Abend wichtig. Mit diesem Augen-Make Up-Entferner lassen sich fast alle Produkte gut entfernen. Die beiden Zutaten sind so simpel wie perfekt: Rosenwasser ist mit die beste Wahl für die Haut, es optimiert den hauteigenen pH-Wert, hat eine entspannende Wirkung und macht müde Augen gleichzeitig frisch. Die zweite Zutat, Mandelöl, ist besonders reich an Vitamin A, B, D und E, also ein echter Anti-Aging-Könner. Das wertvolle Öl beinhaltet Kalzium, Magnesium und Kalium. Mit 86 Prozent ungesättigter Fettsäuren besitzt es die Fähigkeit bis in die Tiefen der Haut vorzudringen.*

**mixtipp**

Vor Gebrauch immer gut schütteln.

# WELLNESS

40 Stück | 24 h 26 Min. | leicht

# WAHRE LIEBE – Ringelblumen-Badepralinen für empfindliche Haut

**Zubereitungszeit: 6 Minuten**
**Ruhezeit: 24 Stunden 20 Minuten**
**Utensilien: 2 Pralinenformen aus Silikon oder 40 Pralinenförmchen**
**Zutaten für etwa 40 Stück**

- 150 g Kokosnussöl, erhältlich in der Apotheke oder im Internet
- 250 g Natron
- 125 g Zitronensäure, erhältlich im Drogeriemarkt oder im Internet
- 125 g Speisestärke
- 1-2 Tassen getrocknete Ringelblumenblüten, nach Belieben
- 5-10 Tropfen ätherisches Bio-Vanilleöl, erhältlich in der Apotheke oder im Internet

1. Erhitze das Kokosnussöl 4 Minuten/ 50°C/ Stufe 1.

2. Füge dann Natron, Zitronensäure und Speisestärke hinzu und verrühre alles 30 Sekunden/ Stufe 4.

3. Lass die Mischung nun 20 Minuten abkühlen.

4. Gib als Nächstes die Blüten und das ätherische Öl dazu und rühre beides 20 Sekunden/ Linkslauf/ Stufe 3 ein.

5. Drücke die Mischung anschließend in die Silikonformen oder die Förmchen und lass sie 24 Stunden durchhärten.

**mixtipp**

Man sagt der Ringelblume nach, dass sie zur Liebesweissagung taugt. Also rein in die Wanne, ab ins Bett und vom Liebsten träumen.

Diese Pralinen gelingen immer und sind besonders für Thermomix-Neulinge ein tolles Rezept. Entweder du verwöhnst dich mit den tollen Pralinchen selbst oder du hast ein wunderschönes Mitbringsel für den nächsten Mädelsabend. Die Ringelblume (Calendula officinalis) wird in der Pflanzenheilkunde häufig bei Wunden und Entzündungen als Salbe verwendet. Wer sehr empfindliche Haut oder Allergien hat, sollte das ätherische Öl weglassen und die pflegenden Stoffe der Ringelblume und des Kokosöls alleine wirken lassen.

40 Stück | 24 h 26 Min. | leicht

# LILA LIEBE – Sprudelnde Lavendel-Badepralinen

**Zubereitungszeit: 6 Minuten**
**Ruhezeit: 24 Stunden 20 Minuten**
**Utensilien: 2 Pralinenformen aus Silikon oder 40 Pralinenförmchen**
**Zutaten für etwa 40 Stück**

| |
|---|
| 150 g Kokosnussöl |
| 250 g Natron |
| 125 g Zitronensäure |
| 125 g Speisestärke |
| 4 Messbecher getrocknete Lavendelblüten |
| 10 Tropfen ätherisches Lavendelöl |

**mixtipp**
Wenn du es nicht magst, dass die Lavendelblüten im Badewasser schwimmen, benutze einfach nur das ätherische Öl.

1. Als Erstes erhitzt du das Kokosnussöl 4 Minuten/ 50°C/ Stufe 1.

2. Füge als Nächstes Natron, Zitronensäure und Speisestärke hinzu und verrühre alles 30 Sekunden/ Stufe 4.

3. Lass die Mischung 20 Minuten abkühlen.

4. Anschließend gibst du die Blüten und das ätherische Öl hinzu und verrührst die Zutaten 20 Sekunden/ Linkslauf/ Stufe 3.

5. Drücke nun die Mischung in die Silikonformen oder die Förmchen und lass sie darin 24 Stunden durchhärten.

**mixtipp**
Säubere nach dem Baden die Badewanne direkt, da das Kokosnussöl Rückstände hinterlassen kann.

Wer wünscht sich nicht ein perfektes Bad nach einem anstrengenden Tag? Diese Pralinen duften, sprudeln und sehen auch als Geschenk wunderschön aus. Sobald die Lavendel-Pralinen mit dem Wasser in Berührung kommen, fangen sie an zu perlen und verbreiten ihren beruhigenden Duft. Lavendel wirkt antiseptisch und krampflösend. Ganz besonders vor dem Zubettgehen hilft ein Bad beim Einschlafen. Das Kokosnussöl pflegt gestresste Haut, versorgt sie mit Feuchtigkeit und macht sie zart und geschmeidig.

50 Stück | 4 h 5 Min. | leicht

# HIMBEER-LUST – Duschpralinen

**Zubereitungszeit: 5 Minuten**
**Ruhezeit: mindestens 4 Stunden**
**Utensilien: 1 Duschpralinen-Silikonform**
**Zutaten für ca. 50 Duschpralinen**

| |
|---|
| 8 Blatt Gelatine |
| 130 g Wasser |
| 10 g Salz |
| 90 g Himbeerduschgel, z.B. von Yves Rocher |

1. Weiche die Gelatineblätter, wie auf der Verpackung beschrieben, in Wasser ein.

2. Währenddessen erhitzt du das Wasser mit dem Salz im Mixtopf 2 Minuten/ 100°C/ Stufe 1.

3. Füge dann die ausgedrückte Gelatine hinzu und löse sie 30 Sekunden/ 100°C/ Stufe 3 darin auf.

4. Als Nächstes gibst du das Duschgel dazu und verrührst alles 10 Sekunden/ Sanftrührstufe.

**mixtipp**

**Die Duschpralinen sind ein nettes Mitbringsel oder ein witziges Geschenk. Für die tägliche Dusche greifen Birgit und ich aber lieber zum Dusch-Schaum.**

Nachtisch mit Himbeergeschmack? Nein, hier geht es um Wellness und Körperhygiene. Diese Duschpralinen sorgen für Spaß beim Duschen. Man hat das Gefühl, man wäscht sich mit Wackelpudding. Du musst die Duschpralinen im Kühlschrank lagern, da sie sonst ihre Form verlieren. Wenn du sie benutzt, haben sie so einen leicht kühlenden Effekt.

2 Gläser | 30 Min. | leicht

# KAFFEEPAUSE – Anti-Cellulite-Peeling mit Kaffee, Zimt und Kokos

**Zubereitungszeit: 30 Minuten**
**Utensilien: 2 luftdichte Gläser à 100 ml, sterilisiert**
**Zutaten für 2 Gläser**

| |
|---|
| 30 g Kaffeebohnen |
| 40 g Kokosnussöl |
| 90 g Meersalz |
| 1 TL Vanillemark |
| 1 TL Zimt |

1. Als Erstes zerkleinerst du die Kaffeebohnen 15 Sekunden/ Stufe 10.

2. Gib anschließend das Kokosnussöl dazu und erwärme die Mischung 8 Minuten/ 60°C/ Stufe 1. Lass sie dann 20 Minuten abkühlen.

3. Füge Meersalz, Vanillemark und Zimt hinzu und vermische die Zutaten 15 Sekunden/ Stufe 10 zu einem Peeling.

4. Fülle das Peeling in sterilisierte, luftdichte Gläser. Darin ist es ca. 4 Wochen haltbar. Wenn es danach gut duftet, ist es auch länger haltbar.

*Eine echte Wellnessbehandlung gefällig? Dann haben wir das Richtige für dich: Kaffee, Kokosnuss, Vanille und Zimt machen dieses Peeling zum Allrounder. Farbe und Duft sind der Wahnsinn, die Inhaltsstoffe sind voller Antioxidantien und helfen damit der Haut die täglichen Alltagsbelastungen auszugleichen. Das reichhaltige Kokosnussöl macht die Haut weich und zart, und als Krönchen obendrauf: Das Koffein hilft zusätzlich noch bei Cellulite. Auch die männlichen Tester waren begeistert.*

4 Gläser | 3 Min. | leicht

# FRUCHTBOMBE – Orangen-Bodypeeling für trockene Haut

**Zubereitungszeit: 3 Minuten**
**Utensilien: 4 luftdichte Gläser à 200 ml, sterilisiert, erhältlich im Internet, bei enaissance.de oder spinnrad.de**
**Zutaten für 4 Gläser**

| |
|---|
| 1 Bio-Orange, ungeschält |
| 140 g Mandelöl, erhältlich in der Apotheke oder Internet, z.B. bei enaissance.de |
| 500 g Zucker |

1. Viertel die Orange und zerkleinere die Stücke im Mixtopf 30 Sekunden/ Stufe 8. Schiebe alles mit dem Spatel nach unten und wiederhole den Vorgang erneut 30 Sekunden/ Stufe 8.

2. Schiebe die Orangenstücke mit dem Spatel nach unten und füge Mandelöl und Zucker hinzu. Vermenge die Zutaten 30 Sekunden/ Stufe 4. Schon ist dein Peeling fertig.

3. Fülle das Peeling in sterilisierte, luftdichte Gläser und bewahre diese im Kühlschrank auf. Dort ist das Peeling ca. 4 Wochen haltbar. Wenn das Peeling noch gut duftet, ist es auch länger haltbar.

*Die Fruchtpeelings sind echte Klassiker und im Nu gemischt. Das Orangenpeeling überzeugt schon beim Zubereiten durch Duft und Farbe. Die Wirkung steht dem in Nichts nach: Die Fruchtsäure der Orange löst die abgestorbenen Hautschüppchen optimal ab. Der Zucker sorgt für eine gute Durchblutung und das Mandelöl verleiht der Haut noch schnell einen Anti-Aging-Effekt. Besonders bei trockener und schuppiger Haut wirkt das gut verträgliche Öl positiv.*

1 Glas | 1 Min. | leicht

# PINK LADY – Rosen-Hafer-Peeling

**Zubereitungszeit: 1 Minute**
**Utensilien: 1 lichtundurchlässiges, verschließbares Glas à 150 ml, sterilisiert**
**Zutaten für 1 Glas**

- 50 g ungeschälte Mandeln
- 30 g Haferflocken
- 40 g Milchpulver
- 3 EL frische Bio-Rosenblätter (getrocknete auch möglich)
- 10 Tropfen Rosenöl
- Mandelöl, nach Belieben

1. Gib die Mandeln, die Haferflocken, das Milchpulver, die Rosenblätter und das Rosenöl in den Mixtopf und vermische alles 20 Sekunden/ Stufe 10. Schon ist dein Peeling fertig!

2. Fülle das Peeling anschließend in ein lichtundurchlässiges, sterilisiertes Glas ab. Darin ist es mindestens 3 Monate haltbar.

3. Das Mandelöl fügst du dem Peeling bitte erst kurz vor der Anwendung bei, so ist das Peeling länger haltbar. Vermenge immer 1 EL Mandelöl mit 1 EL des Peelings und verwöhne deine Haut.

**mixtipp**

Wir verwenden gern selbst gezüchtete, duftende Rosensorten aus dem Garten. So können wir sicher sein, dass die Blütenblätter wirklich aus ökologischem Anbau stammen.

*Am liebsten möchte man sich hineinlegen in diese Wolke aus zartrosa Puder. Doch auch die Wirkstoffe in diesem Peeling sind himmlisch gut. Das Rosenöl aus den Blütenblättern sorgt für mehr Spannkraft und Glätte der Haut. Dazu kommt der betörende Duft, der laut Aromatherapie beruhigend und tröstend wirkt.*

4 Gläser | 3 Min. | leicht

# LEMON-FRESH – Zitronen-Meersalz-Body-Peeling

**Zubereitungszeit: 3 Minuten**
**Utensilien: 4 luftdichte Gläser à 200 ml, sterilisiert, erhältlich im Internet, z.B. bei enaissance.de oder spinnrad.de**
**Zutaten für 4 Gläser**

1 Bio-Zitrone, ungeschält

140 g Olivenöl

500 g Meersalz

1. Halbiere als Erstes die Zitrone und zerkleinere sie 30 Sekunden/ Stufe 8 im Thermomix. Schiebe dann alles mit dem Spatel nach unten und wiederhole den Vorgang 30 Sekunden/ Stufe 8. Schiebe die Stücke wieder mit dem Spatel nach unten.

2. Gib das Öl und das Salz dazu und mische die Zutaten 30 Sekunden/ Stufe 8 durch. Fülle das Peeling in sterile, luftdichte Gläser ab. Darin ist das Peeling mindestens 4 Wochen haltbar.

Mit diesem Peeling wird die Haut weich und streichelzart. Die Zitronensäure entfaltet ihre Wirkung besonders stark an verhornten Stellen wie Ellenbogen, Knien oder Füßen. Die Durchblutung wird angeregt und im Zusammenspiel mit Meersalz und Olivenöl ist dieses Körperpeeling eine absolute Frischekur. Für die empfindliche Gesichtshaut sind die scharfkantigen Salzkristalle allerdings weniger geeignet.

1 Glas | 45 Min. | leicht

# SAHNEHÄUBCHEN DELUXE – Shea-Body-Sahne

**Zubereitungszeit: 15 Minuten**
**Ruhezeit: 30 Minuten**
**Utensilien: 1 luftdichtes Glas à 150 ml, sterilisiert, erhältlich im Internet, z.B. bei spinnrad.de**
**Zutaten für 1 Glas**

- 50 g Sheabutter, erhältlich in der Apotheke oder im Internet
- 50 g Mangobutter, erhältlich in der Apotheke oder im Internet
- 50 g Kokosöl, erhältlich in der Apotheke oder im Internet
- 30 g Mandelöl, erhältlich in der Apotheke oder im Internet
- 30 g Jojobaöl, erhältlich in der Apotheke oder im Internet, z.B. bei enaissance.de
- 5-10 Tropfen ätherisches Öl, z.B. Palmarosaöl

1. Vermenge als Erstes Sheabutter, Mangobutter und Kokosöl im Mixtopf 10 Sekunden/ Stufe 6 und erhitze anschließend die Mischung 3 Minuten/ 50°C/ Stufe 1.

2. Füge Mandelöl und Jojobaöl hinzu und rühre beides 10 Sekunden/ Stufe 2 ein. Danach stellst du die Mischung 30 Minuten zum Abkühlen in den Kühlschrank.

3. Nach der Kühlzeit zerteilst du die Masse grob mit dem Spatel, damit die Klinge wieder frei laufen kann und verrührst die Masse anschließend 30 Sekunden/ Stufe 4.

4. Gib dann das ätherische Öl dazu, setze den Schmetterling auf die Klinge und rühre die Creme 10 Minuten/ Stufe 4 durch. Anschließend füllst du sie in das sterilisierte Glas. Darin bleibt sie etwa 6 Monate haltbar.

Shea,
Mango, Kokos,
Jojoba und Mandel –
eine traumhafte Kombination,
die duftet und seidenweiche Haut
hinterlässt. Also wenn ein Rezept
funktioniert, dann dieses. Diese Creme
ist für mich der Favorit unter allen Rezepten geworden. Und als
besonderes Geschenk hat sie
schon meine Freundinnen
überzeugt.

2 Anwendungen | 2 h 5 Min. | leicht

# GRÜNE PAUSE – Petersilienmaske für unreine Haut und Hautflecken

**Zubereitungszeit: 5 Minuten**
**Ruhezeit: 2 Stunden**
**Zutaten für 2 Anwendungen**

- 2 Eiweiß, Größe M
- 10 g Zitronensaft
- 1 Bund glatte Petersilie
- 5 g Haferflocken
- 10 g Apfelessig
- 80 g Wasser

1. Setze den Schmetterling auf die Klinge und schlage das Eiweiß mit der Zitrone im Mixtopf 2 Minuten/ Stufe 4 auf. Fülle anschließend das geschlagene Eiweiß in eine separate Schale um und stelle diese zur Kühlung in den Kühlschrank.

2. Reinige den Mixtopf gründlich und hacke darin die Petersilie 4 Sekunden/ Stufe 6.

3. Füge dann Haferflocken, Apfelessig und Wasser hinzu und erhitze die Mischung 1 Minute/ 80°C/ Stufe 2.

4. Fülle die Mischung in eine separate Schale und lass die Mischung 2 Stunden abkühlen. Hebe anschließend den Eischnee unter und fertig ist die Maske. Die Maske sollte sofort verbraucht werden.

Unreine Haut braucht ein bisschen Extrapflege, gerade wenn sie zu Rötungen, Entzündungen und Pickeln neigt. Aber auch für die ältere Haut hat Petersilie einiges zu bieten. Die unschönen Hautflecken, die durch Sonnenbestrahlung oder Hautalterung entstehen können, kannst du mit dem grünen Küchenkraut effektiv bekämpfen. Das enthaltene Vitamin C sorgt zusätzlich für den Frischekick, wirkt wundheilend und regt die Collagenproduktion an.

Masken gibt es in zahlreichen Varianten zu kaufen oder man findet die unterschiedlichsten Rezepte im Internet. Wir haben ein bisschen herumprobiert und uns für diese entschieden.

1 Anwendung | 5 Min. | leicht

# SCHOKOLIEBE – Schokoladenmaske für schöne Haut

**Zubereitungszeit: 5 Minuten**
**Zutaten für 1 Anwendung**

100 g Zartbitterkuvertüre, in Stücken

10 g Jojobaöl, erhältlich im Internet, z.B. bei enaissance.de

1. Für die Maske zerkleinerst du als Erstes die Schokolade im Mixtopf 10 Sekunden/ Stufe 10 und schiebst die Stücke mit dem Spatel nach unten.

2. Gib dann das Jojobaöl hinzu und schmelze die Schokolade 3 Minuten/ 60°C/ Stufe 1.

3. Lass die Maske etwas abkühlen und trage die noch warme Maske mit einem Pinsel auf die Haut auf. Spare die Hautpartie um Augen und Mund dabei aus.

4. Nach 15 Minuten entfernst du mit viel lauwarmem Wasser die getrocknete Schokolade von der Haut.

„Zehn Minuten nur für dich“– mit diesem Satz kann man manche Frau verführen. Nicht nur wir haben Stress, auch unsere Haut ist strapaziert. Im Sommer macht ihr die Sonne zu schaffen, im Winter ist es die trockene Heizungsluft. Mit nur ganz wenigen Zutaten kannst du dir ein ganz besonderes Hauterlebnis verschaffen. Bei der Schokolade werden nicht nur deine Geschmackssinne zum Träumen gebracht, die Inhaltsstoffe haben es in sich. Die Kakaobohnen sind reich an Vitaminen und haben eine rückfettende Wirkung. Trockene Hauttypen können so einem Feuchtigkeitsmangel entgegenwirken. Die in der Schokolade enthaltenen Flavoide schützen außerdem vor UV-Schäden. Zusätzlich wirken die enthaltenen Polyphenole als Radikalfänger der Faltenbildung entgegen.

100% CUTE

# GESUNDHEIT

2 Gläser | 8 Min. | leicht

# FEELGOOD – Wohltuender Hustenbalsam

**Zubereitungszeit: 8 Minuten**
**Utensilien: 2 lichtundurchlässige Gläser à 100 ml, sterilisiert**
**Zutaten für 2 Gläser**

- 30 g Bienenwachs, erhältlich im Internet
- 130 g Mandelöl, erhältlich in der Apotheke, im Reformhaus oder im Internet
- 30 Tropfen Eukalyptusöl, erhältlich in der Apotheke oder im Internet
- 30 Tropfen Thymianöl, erhältlich in der Apotheke oder im Internet
- 20 Tropfen Fichtennadelöl, erhältlich in der Apotheke oder im Internet
- 20 Tropfen Lavendelöl, erhältlich in der Apotheke oder im Internet
- 10 Tropfen Teebaumöl, erhältlich in der Apotheke oder im Internet

1. Gib Bienenwachs und Mandelöl in den Mixtopf und erwärme beides 7 Minuten/ 70°C/ Stufe 1.

2. Ergänze die Mischung mit den ätherischen Ölen und verrühre sie mit der Bienenwachs-Öl-Mischung 20 Sekunden/ Stufe 4.

3. Fülle anschließend den Balsam in verschließbare Gläser.

*Sind Hals rau, Atemwege gereizt und Husten lästig? Mit diesem sanften Hustenbalsam wird alles schnell besser. Die Salbenbasis ist sanft zur Haut und die ätherischen Öle helfen gegen die Erkältungsbeschwerden. Der wohlriechende Balsam wird auf Brust, Rücken und Fußsohlen einmassiert. Das Schöne an diesem Selfmade-Balsam ist, dass man wirklich weiß, was drin ist. Im dunklen Schrank hält sich die Salbe locker ein halbes Jahr.*

*Wichtig: Nicht bei Babys und Kleinkindern anwenden! Sie können extrem empfindlich auf die kleinste Menge an ätherischen Ölen reagieren!*

1 Flasche | 35 Min. | leicht

# BRUMM-STOPP – Mückenspray

**Zubereitungszeit: 5 Minuten**
**Ruhezeit: ca. 30 Minuten**
**Utensilien: 1 Sprühflasche à 150 ml, sterilisiert**
**Zutaten für eine Flasche**

- 50 g Wasser
- 50 g Wodka
- 10 Tropfen ätherisches Lavendelöl, erhältlich in der Apotheke oder im Internet
- 5 Tropfen ätherisches Eukalyptusöl, erhältlich in der Apotheke oder im Internet
- 5 Tropfen ätherisches Citronellaöl, erhältlich in der Apotheke oder im Internet
- 5 Tropfen ätherisches Teebaumöl, erhältlich in der Apotheke oder im Internet
- 5 Tropfen ätherisches Palmarosaöl, erhältlich in der Apotheke oder im Internet

1. Als Erstes erhitzt du das Wasser im Mixtopf 4 Minuten/ 100°C/ Stufe 1.

2. Lass das Wasser etwa 30 Minuten abkühlen. Wenn das Wasser lauwarm ist, gibst du Wodka, Lavendelöl, Eukalyptusöl, Citronellaöl, Teebaumöl und Palmarosaöl dazu und verrührst alles 30 Sekunden/ Stufe 2.

3. Fülle die Mischung in eine Sprühflasche und fertig ist dein Mückenspray. Schüttle es vor Gebrauch immer kurz durch.

**mixtipp**

Wenn dich die Mücke trotz allem doch gestochen hat, hilft dir ein mit Händen zerriebenes Blatt von einem Gänseblümchen oder der Melisse. Verreibe dieses auf den Stich, das mindert den Juckreiz.

Schluss mit Mücken und Schluss mit Chemie. Wenn es draußen warm ist, haben die Mücken Hochsaison und anstatt zu entspannen, jagen wir den kleinen Quälgeistern hinterher. Dieses Spray hilft, die Stechlinge von unserem Blut fernzuhalten. Aber wer will sich schon andauernd Chemie auf die Haut sprühen, die Giftstoffe machen schließlich nicht nur den Mücken das Leben schwer. Dieses Mückenspray kann man auf die Fensterbank und auf die Haut sprühen, ohne dabei gleich an die Chemiekeule zu denken.

15 Min. | leicht

# STERILISIEREN von Gläsern, Flaschen, Mikrofasertüchern, Schnullern, etc.

**Zubereitungszeit: 15 Minuten**

500 g Wasser

1. Gieße 500 g Wasser in den Mixtopf.

2. Lege oder stelle kleine Behältnisse, die du sterilisieren möchtest, in das Garkörbchen oder größere, wie z.B. Flaschen, in den Varoma. Wenn du mit dem Garkörbchen arbeitest, verschließe nicht die Deckelöffnung.

3. Sterilisiere alles 15 Minuten/ Varoma/ Stufe 1.

*Alles
was wir hier mi-
schen, ist frisch gerührt und
damit natürlich anfällig für Bak-
terien, Pilze und Hefen. Daher gilt für
alle Kosmetika: Hygiene, Hygiene, Hygi-
ene. Damit die Cremes, Duschsmoothie und
Peelings möglichst lange halten, empfehlen
wir alle Behälter, Tuben und Flaschen so sau-
ber wie möglich zu halten. Und da kommt
der Thermomix gerade recht, denn
er bietet eine simple Möglichkeit,
alles steril zu bekommen.*

mixtipp

# MIXT DU SCHON?

**Du bist ein Fan des Thermomix?**

**Du hast kreative Ideen, die du gerne mit deinem Thermomix umsetzt?**

**Du möchtest immer wieder neue Rezepte mit deinem Thermomix ausprobieren?**

**Dann suchen wir dich!**

Ob internationale Küche, feine Backideen oder saisonale Rezepte, von der Haute Cuisine bis zur Hausmannskost, vom Lieblingsessen für die Kleinen bis zu raffinierten Spezialitäten für die große Party – wir suchen innovative Ideen fürs Kochen mit dem Thermomix!

Wenn du Lust hast, ein Kochbuch mit uns zu machen, Rezepte für eins unserer nächsten Thermomix-Bücher aus deiner persönlichen Sammlung beizusteuern oder deine Tipps und Tricks mit anderen Thermomix-Fans teilen willst, melde dich bei uns:

**Edition Lempertz, Team MIXtipp, Hauptstr. 354, 53639 Königswinter**
**Tel.: 02223 / 900036, Fax: 02223 / 900038**
**info@edition-lempertz.de, www.edition-lempertz.de**

LEMPERTZ

# WEITERE TITEL DER MIXTIPP-REIHE

## AUCH ALS E-BOOK ERHÄLTLICH

**MIXtipp:**
**Spanische Rezepte**
120 Seiten,
Format: 17 x 24 cm,
Klappenbroschur,
durchgehend farbig
bebildert
ISBN: 978-3-945152-28-7,
9,99 €

**MIXtipp:**
**Baby- und**
**Kleinkinder-**
**Rezepte**
96 Seiten,
Format: 17 x 24 cm,
Klappenbroschur,
durchgehend farbig
bebildert
ISBN: 978-3-945152-53-9,
9,99 €

**MIXtipp:**
**Lasst uns Grillen**
120 Seiten,
Format: 17 x 24 cm,
Klappenbroschur,
durchgehend farbig
bebildert
ISBN: 978-3-945152-69-0,
9,99 €

**MIXtipp:**
**Vegane Rezepte**
112 Seiten,
Format: 17 x 24 cm,
Klappenbroschur,
durchgehend farbig
bebildert
ISBN: 978-3-945152-52-2,
9,99 €

**MIXtipp:**
**Mediterrane**
**Rezepte**
104 Seiten,
Format: 17 x 24 cm,
Klappenbroschur,
durchgehend farbig
bebildert
ISBN: 978-3-945152-51-5,
9,99 €

**MIXtipp:**
**Party-Rezepte**
104 Seiten,
Format: 17 x 24 cm,
Klappenbroschur,
durchgehend farbig
bebildert
ISBN: 978-3-945152-50-8,
9,99 €

# WEITERE TITEL DER MIXTIPP-REIHE

**MIXtipp: Leichte Küche**
120 Seiten,
Format: 17 x 24 cm,
Klappenbroschur,
durchgehend farbig bebildert
ISBN: 978-3-945152-70-6,
9,99 €

**MIXtipp: Lieblings-marmeladen**
104 Seiten,
Format: 17 x 24 cm,
Klappenbroschur,
durchgehend farbig bebildert
ISBN: 978-3-945152-72-0,
9,99 €

**MIXtipp: Lieblings-Suppen**
112 Seiten,
Format: 17 x 24 cm,
Klappenbroschur,
durchgehend farbig bebildert
ISBN: 978-3-945152-73-7,
9,99 €

**MIXtipp: Wildgerichte**
128 Seiten,
Format: 17 x 24 cm,
Klappenbroschur,
durchgehend farbig bebildert,
ISBN: 978-3-945152-74-4,
9,99 €

**MIXtipp: Englische Küche**
128 Seiten,
Format: 17 x 24 cm,
Klappenbroschur,
durchgehend farbig bebildert
ISBN: 978-3-96058-969-3,
9,99 €

**MIXtipp: Basische Rezepte**
120 Seiten,
Format: 17 x 24 cm,
Klappenbroschur,
durchgehend farbig bebildert,
ISBN: 978-3-945152-21-8,
9,99 €

# TITEL DER MIXTIPP-PROFILINIE

## MIXtipp PROFILINIE: Meine Schokolade

Rezepte für den Thermomix
128 Seiten,
Format: 20 x 25,5 cm,
Hardcover, durchgehend farbig bebildert,
ISBN: 978-3-945152-31-7, **19,99 €**

Schokoladentester, Pâtissier, Confiseur – Georg Bernadini ist die Koryphäe, wenn es um Schokolade geht.
Der Mitbegründer der Confiserie Coppeneur hat mit Georgia Ramon mittlerweile seine eigne Schokoladenmarke, deren exquisite Schokoladen die Schokoladenwelt bereichern. Für sein Buch „Der Schokoladentester" probierte er über 6000 Schokoladensorten.
Hier stellt Georg Bernadini seine liebsten Schokoladenrezepte vor: Von Basisrezepten übers Backen mit Schokolade bis hin zu selbstgemachten Pralinen präsentiert er die ganze köstliche Vielfalt, die das Herz jedes Schokoladenliebhabers höher schlagen und sich ganz leicht selbst mit dem Thermomix zubereiten lässt.

Viel Freude beim Backen und Genießen deiner Köstlichkeiten!

## MIXtipp PROFILINIE: Kapps Brot

Rezepte für den Thermomix
128 Seiten,
Format: 20 x 25,5 cm,
Hardcover, durchgehend farbig bebildert,
ISBN: 978-3-945152-76-8, **19,99 €**

Artisan Boulanger Peter Kapp – bekannt als Juror von „Deutschlands bester Bäcker" – lässt sich in den Mixtopf schauen.
Mit Liebe, handwerklicher Tradition, besten Zutaten und dem Thermomix hat er seine leckersten Rezepte für das Team MIXtipp zusammengestellt. Kapps Brote sind keine Industrieware, sondern wahre Backkunst. Da schmeckt einfach jedes Korn ohne Kompromisse.

Neben einem ausführlichen Überblick vom Getreide bis zum Mehl, mit Zubereitungsanleitungen Schritt für Schritt vom Ansetzen bis zum Ausbacken, stellt er beliebte Backklassiker und seine besten Brot-Kreationen vor:
Sauerteigbrote wie das Mühlenbrot oder das Hefeweizen Dunkel, mediterrane Brote wie Pane di Castagne oder Pain Breton, Baguettes wie das Pain Bistrot Marius oder Vollkornbrote wie das Finnenbrot.
Und als Highlight winkt die Peter Kapp-Spezialität: die Fougasse Sepia-Amore.
Über 30 Rezepte, die man einfach haben muss!
Nun können Sie ganz einfach alle Brotkreationen von Peter Kapp zu Hause nachbacken und selbst „Deutschlands bester Bäcker" werden.

# WEITERE TITEL DER MIXTIPP-REIHE

**MIXtipp:**
**Bayrische Schmankerl**
Kochen mit dem Thermomix
112 Seiten,
Format: 17 x 24 cm,
Klappenbroschur,
durchgehend farbig bebildert,
ISBN: 978-3-945152-20-1, **9,99 €**

Herrschaftszeitn noch a moi!
Bayrische Schmankerl, wer kennt sie nicht? Brez'n, Fleischpflanzerl oder Kartoffelsalat - gutes bayrisches Essen ist fast allen Hobbyköchen ein Begriff. Doch für eine Reise ins Land der bayrischen Schmankerl brauchst du keine Koffer zu packen: Eine bunte Mischung der bekannten Leckereien findest du hier in diesem Buch!
Ob zur Brotzeit oder als Hauptspeise, für jeden Anlass und Geschmack ist etwas dabei. Schweinsbraten mit Knödeln und Kraut darf dabei ebenso wenig fehlen wie Kässpatzn oder die deftige Biersuppe.
Lade deine Spezis nach Hause ein und verwöhn sie mit frisch gebackenen Laugenherzen, Fleischpflanzerln oder Krautsalat. Oder mögt ihr es lieber süß? Wie wäre es dann mit einer klassischen Bayrisch Creme zum Dessert oder einem Zwetschgendatschi zum Nachmittagskaffee?
Unsere Autorin Annemarie Thon hat sich mit dem Team Mixtipp durch ganz Bayern geschlemmt; die Highlights sind in diesem Buch zusammengestellt.
Die Rezepte sind wie immer für den TM 5 und TM 31 umgeschrieben.
In diesem Sinne An Guadn! - Pack ma's!

**MIXtipp:**
**Lieblingsrezepte der Thermimaus**
Kochen mit dem Thermomix
104 Seiten,
Format: 17 x 24 cm,
Klappenbroschur,
durchgehend farbig bebildert,
ISBN: 978-3-96058-000-3, **9,99 €**

Anja Krandick – besser bekannt als Thermimaus Ostfriesland – ist der Star unter den Thermomixern. Youtube-Bloggerin und Allround-Talent: Mit dem Thermomix zaubert sie die leckersten Köstlichkeiten und filmt sich selbst dabei.
So präsentiert sie seit Jahren auf ihrem Youtube-Kanal und bei Facebook ihren begeisterten Fans ihre Rezepte. Ob cremige Blumenkohlsuppe, Hähnchen „Yellow Submarine", Duschpralinen, Zwiebel-Eier oder Oma Buss´ Apfelkuchen vom Blech und dazu den Thermimaus-Muntermacher – alles wurde getestet und für lecker befunden.
Ganz nach dem Motto: Thermomix und Thermimaus, da kommt bestimmt was Leckeres raus!
Hier hat die Thermimaus nun zum ersten Mal ihre persönlichen Lieblingsrezepte in Buchform gesammelt, zusammen mit Zubereitungstipps und Links zu den passenden Rezeptvideos: Einfach angucken und mitkochen!

**MIXtipp:**
**Leibspeisen**
Hausmannskost aus dem Thermomix
112 Seiten,
Format: 17 x 24 cm,
Klappenbroschur,
durchgehend farbig bebildert,
ISBN: 978-3-96058-970-9, **9,99 €**

Daheim schmeckt's noch immer am besten! Leibspeisen sind der Inbegriff für Essen mit Wohlfühlcharakter, das Kindheitserinnerungen weckt. Dass Tradition und Technik sich wunderbar kombinieren lassen, wissen Thermomixer schon lange. Mit diesem Kochbuch kannst du jetzt deine Lieblingsrezepte ganz leicht selbst nachkochen. Wie wäre es mal wieder mit einem warmen Hühnereintopf oder einem leckeren Grießbrei? Unsere Autorin Patrizia Berkholz hat über 40 leckere Gerichte klassischer Hausmannskost zusammengestellt, die jeden Skeptiker überzeugen werden! Von Snacks über Suppen und Hauptspeisen bis hin zu süßen Desserts und Gebäck ist dabei für jeden Geschmack und jede Erinnerung etwas dabei. Die Kartoffelsuppe darf genauso wenig fehlen wie die Rinderrouladen, der Gulasch, das Sauerkraut mit Kassler oder der Bienenstich. Die Rezepte funktionieren, wie immer beim Team MIXtipp, sowohl mit dem TM 5 als auch dem TM 31. Als kleines Zusatzbonbon gibt es praktische Tipps, die verraten, wie man Kochkatastrophen retten oder übrig gebliebene Reste verwerten kann.
Zaubere dir ein wohliges Gefühl auf den Tisch und tauche ein in die wunderbare Welt der Leibspeisen.

**MIXtipp:**
**Lieblingskuchen**
Kochen mit dem Thermomix
112 Seiten,
Format: 17 x 24 cm,
Klappenbroschur,
durchgehend farbig bebildert,
ISBN: 978-3-945152-18-8, **9,99 €**

Was wäre ein Leben ohne Kuchen? Sinnlos – da ist sich das Team MIXtipp einig.
In diesem Band haben wir die schönsten Rezepte unserer Backfee Anna Lehmacher zusammengestellt. Sie nahm uns an die Hand und entführte uns in die Welt ihrer Lieblingskuchen.
Daher findest du hier neben umwerfenden Rezepten viele wertvolle Informationen zu einzelnen Teigarten, vom Rührteig über Biskuit bis hin zum Hefeteig. Tipps und Tricks mit deren Umgang garantieren, dass beim nächsten Mal nichts anbrennt.
Versüße den nächsten Kindergeburtstag mit der Schaumkusstorte - sie wird der Kracher! Probiere dich an nostalgischen Tortenträumen wie der Schwarzwälder Kirschtorte und bring deine Großmutter ins Schwelgen! Und deine neuen Kollegen werden dich bei deiner Einstandsfeier für den Rüeblikuchen lieben!
Wie immer gilt: Alle Kuchen lassen sich mit dem TM 5 oder TM 31 zaubern. Jeder Teig gelingt spielend leicht, während du dich schon um die Füllung oder den Guss kümmern kannst.
Viel Freude beim Backen und Genießen deiner Köstlichkeiten!

**MIXtipp:**
**Low Carb**
Kochen mit dem Thermomix
120 Seiten,
Format: 17 x 24 cm,
Klappenbroschur,
durchgehend farbig bebildert,
ISBN: 978-3-96058-966-2, **9,99 €**

Schlank im Schlaf oder mit der Steinzeit-Diät? Wer kennt sie nicht, die Trends, Mythen und Ideen rund um das Thema Ernährung. Eine der neuesten Ideen heißt Low Carb. Low Carb bedeutet weitestgehend der Verzicht auf kohlenhydratreiche Lebensmittel wie Nudeln, Kartoffeln oder Getreide. Stattdessen stehen viel Gemüse wie gelbe und grüne Paprika oder Blumenkohl, Fleisch, Fisch oder Eier auf dem Speiseplan. Unser Autor Rüdiger Busche ernährt sich schon seit einigen Jahren Low Carb und hat in der Zeit viele leckere und kreative Rezepte zusammengestellt.
Begeistere deine Gäste bei der nächsten Party doch mit einem leckeren Partybrot. Deine Familie freut sich sicher über eine Low Carb Pizza oder eine XXL Enchilada und die letzten Skeptiker überzeugst du dann mit der leckeren Erdbeerquarktorte oder einem Schokopudding, natürlich alles Low Carb.
Dieses Buch bietet einen leichten Einstieg in die kohlenhydratarme Welt für die ganze Familie.
Natürlich gilt auch dieses Mal: alle Gerichte können mit dem TM 31 und TM 5 zubereitet werden.
Viel Spaß beim Entdecken der Low Carb-Welt und beim Nachkochen der Rezepte!

**MIXtipp:**
**Lieblings-Smoothies**
Kochen mit dem Thermomix
112 Seiten,
Format: 17 x 24 cm,
Klappenbroschur,
durchgehend farbig bebildert,
ISBN: 978-3-945152-17-1, **9,99 €**

Smoothies – der perfekte Start in den Tag, gesunder Snack für Zwischendurch oder Ersatz für eine ganze Mahlzeit. Super schnell gemacht liefern diese Energiebomben dem Körper alle wichtigen Vitamine und Mineralstoffe, die er benötigt.
Unser Autor Alexander Augustin hat sich eine Woche lang während einer Detox-Kur mit den leckeren Frucht- und Gemüseshakes beschäftigt und sie kennen und lieben gelernt.
Für dieses Buch hat Alexander Augustin seine liebsten Smoothies mit cleveren Tipps und Tricks rund um das Thema Smoothie zusammengestellt. Welche Vitamine dein Lieblingssmoothie enthält, kannst du zum Beispiel ganz leicht dank eines übersichtlichen Glossars herausfinden, in dem jede Obst- und Gemüsesorte aufgelistet ist.
Die cremigen Vitaldrinks werden nur aus allerbesten und frischesten Obst und Gemüse gemacht: Die praktische Saisontabelle hilft dir bei der Auswahl. Wenn du mit den Powerdrinks eine ganze Mahlzeit ersetzt, können sie auch toll beim Abnehmen helfen!
Und das Beste: Sie sind ganz einfach mit dem TM 5 und TM 31 zuzubereiten.
Einfach mixen und genießen!

# MIXTIPP-KALENDER

## MIXtipp Adventskalender:

24 beidseitig bedruckte Seiten,
Format: 16 x 17 cm,
Spiralbindung,
durchgehend farbig bebildert,
ISBN: 978-3-96058-967-9, **9,99 €**

Mit dem neuen Thermomix-Adventskalender durch die Weihnachtszeit. Er bietet 24 Tage tolle Rezepte, schöne Geschenkideen und lustige Sprüche um das Thema Weihnachten. Die attraktive Gestaltung mit Foodfotos sorgt für herrliche Weihnachtsstimmung in der Vorweihnachtszeit!

## MIXtipp Rezeptkalender & Familienplaner 2017:

54 beidseitig bedruckte Seiten,
Format: 24 x 31 cm,
Spiralbindung,
durchgehend farbig bebildet,
ISBN: 978-3-945152-25-6, **16,99 €**

Mit dem Thermomix-Familienplaner durchs Jahr. Dank 97 leckerer Thermomix-Rezepte kannst du jede Woche abwechslungsreiche Gerichte zaubern, ganz einfach und unkompliziert. 54 beidseitig bedruckte Seiten bringen Struktur in den vollgepackten Familienalltag! In sechs Spalten ist Platz für alle Termine, die 2017 in deiner Familie anstehen. Auch findet ihr sämtliche Feiertage, nützliche MIXtipps sowie zahlreiche Zitate zum Schmunzeln hier verzeichnet. Bunt, übersichtlich, lecker - für 365 tolle Thermomix-Tage ist dies der ideale Jahresbegleiter für deine Familie!